哲学研究论丛

普通人与教育
——时代的教育哲学

于忠海 ◎ 著

吉林文史出版社

图书在版编目（CIP）数据

普通人与教育：时代的教育哲学 / 于忠海著 . —
长春：吉林文史出版社，2018. 2
ISBN 978-7-5472-4859-1

Ⅰ . ①普… Ⅱ . ①于… Ⅲ . ①教育哲学 – 研究 Ⅳ .
① G40-02

中国版本图书馆 CIP 数据核字（2018）第 023633 号

普通人与教育：时代的教育哲学

PUTONGREN YU JIAOYU：SHIDAI DE JIAOYU ZHEXUE

出 版 人 / 孙建军
作　　者 / 于忠海
责任编辑 / 王明智
封面设计 / 人文在线
出版发行 / 吉林文史出版社
地　　址 / 长春市人民大街 4646 号　　　　邮　　编 / 130021
网　　址 / www.jlws.com.cn
电　　话 / 0431-86037501
印　　刷 / 廊坊市海涛印刷有限公司
开　　本 / 710mm×1000mm　　　　　　　16 开
字　　数 / 169 千字
印　　张 / 15.25
版　　次 / 2018 年 2 月第 1 版　　　　2018 年 2 月第 1 次印刷
书　　号 / ISBN 978-7-5472-4859-1
定　　价 / 56.00 元

自然赋予人们的不调和还很多，人们自己萎缩堕落退步的也还很多，然而生命决不因此回头，无论什么黑暗来防范思潮，什么悲惨来袭击社会，什么罪恶来亵渎人道，人类的渴仰完全的潜力，总是踏了这些铁蒺藜向前进。

——鲁迅《生命的路》

目　录

序

　　自古至今，教育总是以培养人来自诩的。人类在其发展的每个历史时期，都会对教育所培养的"人"给出自己的合理性辩护和合法性捍卫；但人类的文明又总是无情地以对既往的扬弃而开启新时代的序幕的，教育也不例外。

　　历史上，智慧人、宗教人、自然人、理性人、阶级人等先后登场，以期证明自己的永恒和对教育目的的垄断，结果却是后者每每成为前者的掘墓人，异端终究成为盗火者，"革命"成为教育的常态。这些企图以特定时代人的认识而涵盖人类过去、现在和未来历史的教育目的一般具有终极者的特征：理性层面的无限性、价值层面的无矛盾性、存在层面的非历史性。与终极者相对的是不具备那些万能素养的普通人，即在历史上总是被终极者界定、控制和管理的一群人，他们平凡、低微，甚至有点宿命论。

　　然而，时代迈入互联网社会，人性开始觉醒，原来所谓的终极者或普通人，取决于界定者的话语权和价值观，而在信息蓬勃发展、互联网纵横天下的当今，每个人都开始获得表达自我和界定世界的权利，站在人的视角，每个人都是平等的、独立的、自由的。以往那些所谓的终极者反而是以非人的标准来定义人自身的，将人非人化。诸如以血缘、财富、功绩、种族、能力等外在于人的评价来赋予某些人贵族、英雄、富翁、专家的称号，并由此来界定哪些人是高等级的终极者还是平凡的普通人，而且这种界定是终生不变的，成为个体身份的象征，进而获得相应的财富、名誉和地位。

瞬息万变、个性张扬的互联网社会却戳穿了终极者的辩护伎俩，没有人是终生不变的，每个生命都在流动中绽放着人性的魅力，"富不过三代"的古训也揭示了这个朴素的常识。同时，生命在生成的过程中呈现出丰富性、微妙性、复杂性，并非总是唯财富、功绩、能力等是从，不然，鲜活的生命将会多么机械、乏味！

因此，无论从生命的纵向深度还是横向广度来说，每个人都是普通的，每个个体都折射了人这一物种的历史和未来，这是基于人之为人的内在规定，而非外在标准对人的束缚。普通人不是万能的集合，而是承认每个人的有限性。正是人的有限，个体之间才是差异和平等的，而且永远是处于未完成的生命状态；普通人的生命价值在于其不断的生成历程中，每个人都是独立、自治而又不确定的，生成性是生命的神圣所在，不确定性则捍卫着生命的尊严，不然，人就沦落为被决定的命运，不管决定的目的和主体多么高尚；普通人的有限和生成是沿着共在、共融而非同质的机制前行的，用以呵护生命的多元性、个体性。

置身当代，教育目的聚焦于普通人，即不以成为既定的、特定的某类人为目标，而是恪守教育成人的经典，把普通人的生成作为教育目的的首选。而且教育专注于普通人的生成，也是教育区别于其他社会实践的特色所在，否则，教育就是和其他行业争市场，忘记了自己的本体价值，于己于人都失去了应有的尊严。

　　然而，执着于普通人的教育，是否会陷入历史上那些终极者定位的陷阱，以普通人贯穿古今，确是作者和读者在撰写和研读时时刻防范的问题，也是历史和人类始终绕不过的一个玩笑：反思、批判他人的同时，自己无形中树立了一个被后人推翻的靶子，这或许就是学术的价值——凤凰涅槃：个体尘埃落定，学术薪火永生，人类文明砥砺前行。

第一章 普通人内涵的历史解读及其走向

"普通人"并不是一个新颖的概念，回顾普通人历史的演变轨迹，可以发现，普通人是对某类人群的特定称呼，其内涵总是和"非普通人"纠结在一起，即普通人是一个关系词，只有在与其他人群的对比中，才能了解、认识普通人的前世今生。

一、西方经典文献中的普通人形象

在西方传统文化中，对普通人的认识起源于对"普通（common）"一词的词源理解。从"普通"的词源分析，"普通"具有中性和贬义两种含义。其中性含义较早，Common 的最早词源可以追溯到拉丁文 communis，"communis 这个词源自于拉丁文 com-（意指'一起'）与拉丁文 munis（意指'有义务'），或是源自 com-与拉丁文 unus（意指'一个'）"。①这里的"一起""有义务""一个"

---

① ［英国］雷蒙·威廉斯著，刘建基译：《关键词：文化与社会的词汇》，生活·读书·新知三联书店，2005 年，第 70 页。

等含义后来就延伸为一个特殊的团体或组织（community），也指一般的人，以强调团体、组织或人的共性特征，也就是说，"普通"是某个群体所共有的某类特征的概括或抽象。所以，在西方早期社会中，common 就具有社会分层的内涵，代表着某个特殊群体，如commons（平民、百姓）与 nobility（贵族）是两个相互对立的阶层，体现了不同的生活方式、价值追求和地位身份等。由此不难看出，在西方语言中，common 作为一个群体来理解时，意指这个群体的"一般性"内涵，是就与它相对的"特殊性"而言的。这种单纯的阶层划分又延伸到日常生活当中，专指一些事物是"平常的""一般的"，相当于 ordinary 的含义，具有中性的色彩，并一直延续到现在，如"在街道上吃的冰淇淋是很常见的（common）"等。

　　Common 的贬义主要基于阶层的划分而产生并延伸到其他领域的，即对某类群体的概括或抽象被赋予了价值导向，进而展开是非判断和社会评价。Common 作为贬义理解是产生于"特殊"与"一般"的比较，尤其是判断彼此的标准是以什么价值为指向的，这种"特殊"和"一般"的标准可以从后来的语义运用中反映出来，例如，"十七世纪中叶内战时期，国会的军队拒绝被称为commonsoldiers，坚持用 private soldiers。这就表明当时 common 已具有贬义意涵。有趣的是，这些军队是在为'百姓（commons）'奋斗，进而建立一个'共和国（commonwealth）'，然而却舍 common 而不用。他们舍 common 就 private（私人的）是值得注意的，因为这种取舍具有革命的精神，且肯定了他们是自己的主人"[①]。这其中

---

　　① ［英国］雷蒙·威廉斯著，刘建基译：《关键词：文化与社会的词汇》，生活·读书·新知三联书店，2005 年，第 70 页。

反映出问题的关键在于，common 的特性和价值是由谁界定的？隐隐约约开始出现 common 不能决定自己命运的端倪，自然也就导致 common 贬义义项的产生，即没有自己的特色，不能主宰自己的命运，是"平凡的"甚至"低级的"，这样，common 由人群的阶层理解就扩展到其他方面。例如，"'它的演讲很普通'（his speech was very common），这一句话具有明确的意涵。这种用法持续用来描述各种不同的行为"①。在这里，"普通"是一般的、平常的，是对低层次或低水平人与其他对象的定位。

　　通过对西方"普通（common）"词源的理解，就可以理解社会对"普通人"的一般认识。西方对普通人的理解也有贬义和中性之分，其贬义理解来源于 common 的"社会分层"内涵，即"平民"和"贵族"是对立的两个群体，他们的价值观、生活方式、追求等是各异的；而且无论是从西方文明的起源，还是后来的发展，贵族的价值观和生活方式总是受到追捧和认可的。因此，作为"平民""老百姓"的 common 就意味着"低级的（low）"、"粗卑的（vulgar）"，而"vulgar 这个词源自于拉丁文 vulgus——意指平民、百姓"。②所以，在贬义层面上，普通人是处于社会底层的、相对低级的群体，他们的特色就是"普通"，没有贵族显赫的身份、优雅的举止、高尚的情操等，这是从身份、地位的角度来界定人，对人进行分层、归类的。普通人的中性含义是由"普通"

---

①　[英国]雷蒙·威廉斯著，刘建基译：《关键词：文化与社会的词汇》，生活·读书·新知三联书店，2005 年，第 72 页。

②　[英国]雷蒙·威廉斯著，刘建基译：《关键词：文化与社会的词汇》，生活·读书·新知三联书店，2005 年，第 71 页。

的"非特殊性"含义推演而来的，就是指具有相同属性的群体，都是"一般的""平常的"，没有褒贬之分，只是客观地描述而已，如"我们都是普通人"等。

同时，从语用学视角考察西方对"普通人"的理解，是站在人与人关系的视角来分析的，通过对与普通人相对的那些对象群体的理解来认识"普通人"的内涵演变。从历史的发展来看，与普通人相对的特殊人群主要有以古希腊为中心的英雄、贵族，近代以来知识、能力至上的专家、学者，现代民主社会的权威等。

在古希腊及随后的相当长历史时期内，普通人是和英雄、贵族相对的，这也反映了当时英雄创造时代，贵族统治社会的历史背景。在柏拉图的《理想国》中，普通人是和英雄、军队指挥官、权威等并列出现的，通过对比，折射出"普通人"的生活地位、价值规范等。例如，在论述正义时，柏拉图写道："这个道理，普通人和第一流的权威都是这么说的。"[①]"从古代载入史册的英雄起，一直到近代的普通人，没有一个人真正歌颂正义，谴责不义，就是肯歌颂正义或谴责不义，也不外乎是从名声、荣誉、利禄这些方面来说的。"[②] 在具体谈及"计算和数数"能力时，他写道："这是最不可少的本领，如果他要能够指挥军队，甚至只是为了要做好一个普通人。"[③] 从柏拉图的视角分析，普通人是和英雄、权

---

① ［古希腊］柏拉图著，郭斌和、张竹明译：《理想国》，商务印书馆，1986年，第54页。

② ［古希腊］柏拉图著，郭斌和、张竹明译：《理想国》，商务印书馆，1986年，第55页。

③ ［古希腊］柏拉图著，郭斌和、张竹明译：《理想国》，商务印书馆，1986年，第284页。

威、军队指挥官等相对的，英雄、权威和军队指挥官等属于社会的上层，但在一些具体问题上，他们还是有一些"共识"，具备一些基本的共同素养，这表明，虽然他们的地位、阶层不同，但作为社会中的人，他们共同维系着基本的社会规范，推动社会前进。到了亚里士多德那里，依旧延续柏拉图的观点，即普通人与非普通人虽然不同，但可以共在，例如，在谈到对"团结"的理解时，他认为："团结是在于每个人都把这件事与同一些人相联系，例如当普通人和公道的人都同意应当让最好的人当治理者的时候。"[①] 在这里，普通人和公道人都认同的事就是"团结"，当普通人可以和公道人并列时，虽然意味着普通人的"非公道"性，但他们也可以共处，彼此是相互依赖而存在的。在论述政权之所以会出现民主制或寡头制时，他认为："理由就在于这些国家中中等阶级很少是人数众多的，于是不论是富人方面，或普通的人民方面，一逾越了中庸之道而占的优势，就把国家法制拉在自己一边，从而就或是产生了寡头政治，或是产生了民主政治。"[②] 在此，普通人和富人的区分是以财富来界定的，但如果遵从亚里士多德的中庸观，富人和普通人都可以和谐共存。从柏拉图和亚里士多德对普通人的理解来看，普通人都是一个相对独立的阶层，而且是固定不变的，在各自的"理想国"中，都有自己合适的位置和价值。

　　在随后的历史变迁中，普通人的这种阶层定位依旧存在，延

---

　　① ［古希腊］亚里士多德著，廖申白译注：《尼各马可伦理学》，商务印书馆，2003年，第271页。

　　② 张法琨主编：《古希腊教育论著选》，人民教育出版社，1994年，第283页。

续了与贵族、英雄的相对性关系，只不过开始在教育实践中有所反映。例如，洛克在《教育漫话》中论及教学方法时说："我觉得一个王子、一个贵族和一个普通绅士儿子的教养方法，也应当有别。"① 也就是说，在所谓的上层社会中，也有"普通"与"特殊"之别，可见普通人在一定程度上是一个相对性概念，即只要是处于相对下位的群体，就是普通的。卢梭在《爱弥尔》中分析人的自然天性时认为："所谓伟人并不比普通人长得高些，真的，凡是出于自然的要求，所有的人都是相同的，而满足这种自然要求的手段，也应当是人力所能及的，所以应当使人的教育适应人的本性。"② 在这里，卢梭将伟人与普通人相对比，以说明自然天性的平等，这种伟人类似于英雄在历史上的作用，是世界的创造者，普通人则是被统治的对象。康德同样继承了这种阶层视野中对普通人的认识，在《论教育学》中，他写道："人们说普通人家的孩子比上流社会的孩子更容易惯坏，这是有道理的。因为普通人与其孩子玩耍时，就像是猿猴一样。"③ 而所谓的上流社会就是传统的贵族、伟人等统治者阶层，普通人在生活礼仪、教育子女方式等方面是被歧视的，甚至只能与猿猴类比，可见其地位、身份之低下。阶层视野中的普通人内涵在西方文化中是根深蒂固的，以至到了现代文明社会，虽然不再有表面上的贵族、英雄，但它依

---

① 张焕庭主编:《西方资产阶级教育论著选》，人民教育出版社，1979年第2版，第86页。

② 张焕庭主编:《西方资产阶级教育论著选》，人民教育出版社，1979年第2版，第122页。

③ ［德国］康德著，赵鹏、何兆武译:《论教育学》，上海人民出版社，2005年，第19页。

然以内在的、隐含的形式存在于西方日常生活中，成为文明、进步的痼疾。

工业革命以来，知识、能力逐渐取代出身、权力，成为衡量人与人差异的标准，与普通人相对的对象也开始从贵族、英雄转向具有专业知识、技术背景的专家、学者等能力型群体。裴斯泰洛齐认为："我的目的在于简化教学方法，使得即使是最普通的人，也有可能教育自己的孩子。"[①]显然，普通人是能力相对较低的群体，以至于教育自己的孩子都成问题；而与普通人相对的是能力较高的群体。即使在学生这一群体中，也有普通与非普通之分，艾德勒认为："普通学生不能'清楚地、确切地和正确地运用本国语'表达自己的思想；'很多不能辨别什么是句子，什么不是句子'；普通学生的词汇很贫乏。"[②]这些学生在词汇知识、语言运用等方面是低等的，因而是普通的，心智方面的能力成为衡量学生"普通"与否的前提条件。布贝尔在设计需要学生回答的问题时说："但是，这个问题中显然有着一些很不寻常的东西，因为他得到的回答并不是普通学童的回答。"[③]和普通学生相对的是有特殊才能、能得出奇异答案的学生。布鲁纳在编写课程时主张："首要的和最明显的问题是怎样编制课程，使它既能由普通的教师教给普

---

① 张焕庭主编：《西方资产阶级教育论著选》，人民教育出版社，1979年第2版，第205页。

② 华东师范大学教育系、杭州大学教育系编译：《现代西方资产阶级教育思想流派论著选》，人民教育出版社，1980年，第229页。

③ 华东师范大学教育系、杭州大学教育系编译：《现代西方资产阶级教育思想流派论著选》，人民教育出版社，1980年，第308页。

通的学生，同时又能清楚地反映各种学术领域的基本原理。"① 这些普通教师和学生是没受过专业训练的群体，所以是普通的。这种以知识、能力本位来区分人之类别的本质反映了以往普通人的一种境遇，即普通人总是处于下位等级的；而且等级的标准掌握在与普通人相对的非普通人手中。正如鲍曼所言："行动者依赖于思想者，普通人如果不求助于并接受宗教教义的阐发者的帮助，就无法处理他们的日常生活事物。作为一个社会成员，普通人现在是不健全的、有缺陷和不够格的。"② 因为生活的结构、模式等是由非普通人所控制的。

二、新中国成立以来的普通人形象

与我们的社会价值、生活方式一样，新中国成立以来的普通人观念主要受政治、经济、文化等意识形态的影响较深，尤其以阶级性代替人性，普通人的命运打上了政党、阶级的烙印，并体现到教育实践中。从教育视角分析，普通人的内涵在具体运用中可以从政治、道德和生活三个方面来考察。

首先，普通人是一种政治人格定位，其价值定位是由新中国的政权形式所决定的。无论是为了新中国的建立还是建设新中国，工人、农民一直是国家赖以存在和发展的基础，是新中国政权的

---

① 华东师范大学教育系、杭州大学教育系编译：《现代西方资产阶级教育思想流派论著选》，人民教育出版社，1980年，第390页。

② ［英国］齐格蒙·鲍曼著，洪涛译：《立法者与阐释者——论现代性、后现代性与知识分子》，上海人民出版社，2000年，第14页。

中坚力量，即属于无产阶级，是和那些地主、资本家相对立的普通劳动者。因此，"普通劳动者"在一个历史时期内是我国的政治代言人，标志着他在政治、思想上的坚定和忠诚，道德上的纯洁、无私。普通人成为一种政治人格写照，以至我们的领袖、各级领导以走向百姓、成为其中的"普通"一员为荣。他们认为只有成为普通人，社会主义事业才能长盛不衰，永不变质。以至到现在，每当各级领导走进百姓，与普通人"握手""寒暄"甚至"合影"时，我们的舆论就会赞赏这些人民的"公仆"平易近人、体恤百姓疾苦，与普通人同呼吸、共命运。此刻，"普通人"发挥了道德标签的作用，而非现实中的普通人生活写照，即这里的普通人是"做"或"演"出来的，而非原生态的普通人自身。因此，作为道具的"普通人"形象只是昙花一现，脱离目的性的情景后立刻回归为驾驭普通人、主宰普通人的非普通人形象。所以，"做"或"演"的普通人总给人一种做作、造假的感受，既不像他的职业角色——官员，更不像真实的普通人。

既然普通人在政治上的地位如此重要，那么普通人的培养问题就是事关政党存亡的重大问题。因此，"普通人"在教育领域地位的确立是通过包括教育方针在内的政府文件来强化的，以确保普通人的政治素养和教育目的。1957年，毛泽东在《关于正确处理人民内部矛盾的问题》中提出："我们的教育方针，应该使受教育者在德育、智育、体育几个方面都得到发展，成为有社会主义觉悟的，有文化的劳动者。"这一教育方针奠定了"劳动者"在此后教育目的中的地位。1958年，毛泽东在《工作60条》中又强调了"普通劳动者"的地位。从此以后，虽然教育目的的内容有所变更，但其基本内涵却始终未变，即教育要培养学生在德、智、体等各方面的发展和教育为政治服务。"普通人"的内涵无意中和普通人的词源本意有一致之处，也就是唯有"全面发展"，才能通达四方，满足社会主义事业建设的需要，实现我们既定的政治目标。只是这些目标和素养不是由具体的个人自己选择和决定的，而是按照政治的设计来执行、评价的，从而达到普通人被认定、培养的标准。

其次，普通人是一种道德人格定位，是和圣人相对的。中国自古以来就有圣人情结，尤其在道德认知上，崇尚圣人至善、至美的道德，压抑、否认平凡人的欲望、需求。新中国成立以来的道德教育也延续了这种传统。例如，我们的道德教育一度强调"高、大、全"的政治理想和道德规范，诸如"公而忘私""舍生取义"等，以期培养理想社会所需要的伟人、圣人，由于背离人的现实性和生活基础，结果却造就了畸形的"单面人"和"双面人"。与这种圣人道德人格相对应的就是普通人道德人格，它以尊重人的现实性、个体性存在为前提，认为伟人、圣人是极少数的，人类社会是由平凡的普通人构成和推动的。而且人类历史中，只要自身努力和条件允许，任何普通人都具有成为圣人的可能性，以至陈胜、吴广发出"王侯将相宁有种乎"的天问。因此，教育必须先从培养孩子成为人开始，所谓的圣人不是教育的直接目标，而是自我发展和社会孕育的结果。普通人的道德人格是扎根于个人的现实生活的，和爱党、爱国、爱人民的理想道德相比，普通人更侧重平凡人日常社会生活中的道德信条，诸如诚实、善良、朴实、勇敢等品德，也正是在此意义上，我们说，普通人是伟大的、永恒的，是和生活、社会共生的。需要指出的是，普通人的政治人格定位也包含了道德的成分，即只有人人平等的普通人社会，我们的政治才是伟大的,因为社会主义是以推翻不平等的"三座大山"为自豪的。

事实上,将圣人和普通人的道德内涵进行有意识的区分、评价,这恰恰是传统文化和政治现实的刻意选择和宣传。在历史上,圣人一直以谦虚、平凡示人,在普通人面前显得和众人一样,没有什么区别。但越是如此,越增加圣人的神秘感,彰显其伟大、高尚、超群的形象,而这正是传统文化的"深邃"所在。在普通人面前营造一种圣人的光环,让众人顶礼膜拜、心悦诚服,以维护圣人统治的社会。而普通人在当下社会的命运及其合理性就在于其扎根于深厚的传统文化土壤中,接受性而非批判性的文化传承,力图在道德层面上强化圣人的感召,麻醉甚至窒息普通人作为人的尊严和价值,更是回避人的基本权利和自我追求,让鲜活的个体潜意识地自我认同、服从这种道德上的标尺,将自己划归与圣人相对的普通人,积聚普通人作为类的数量的同时,降低、削弱普通人作为个体人的意识的觉醒和争取。

最后,普通人是一种生活定位,是相对于特殊性人才而言的,是一种日常用语理解。在现实教育中,一些家长和教育工作者总是期望孩子是"天才""神童"等超人。同时,生活中人们经常看到与普通人相对立的特殊人才,如领导、专家、学者等,他们要么是权力的支配者,要么就是知识、技术和思想的拥有者。这些特殊人才在社会上往往在数量上占少数,却掌握着社会的话语权,是人们追逐和崇拜的对象。而与之相对应的普通人则是处于下位的,相对默默无闻,不被人关注的。生活中也有普通人和非普通人之分,是前面所述政治设计和道德熏陶的自然之果,生活政治化,生活自身失去了应有的追求和活力。而道德绑架生活,则生活再也没有滋润、升华道德的可能和希望，生活变得压抑，枯萎。

　　然而，从人的生活视角分析，基本的生活方式是每个人的常态表现，人的其他"特殊才能"只是在某些方面、某些时段、某些职位时是"特殊的"，特殊的优越性并不代表生活的全部，人在某些方面的特殊性也不等于人性的全部。教育所培养的并不是那种特殊的某类人，而应是普遍意义上的、完整的、全面的人，以利于人以后的发展和提升。退一步反思，那些特殊的人往往不是教育都能培养、定制的，即使是强调掌握专业知识、技能的专业化人才，其特殊性的发挥也有赖于社会的环境和机制，否则知识和技能就会成为生命的负担。因此，培养健全的普通人更应成为教育的追求，这既顺应了人的自然天性，又符合社会的基本常识。

　　需要特别指出的是，以上三种类型的"普通人"概念在具体运用中既暗含了一种社会认可的人性假设，又符合我们的国情需要。无论是从传统的儒家人性论还是新中国成立所确立的唯物主义人性论，普通人内涵所折射的人性论是以决定论为前提的，即人性是确定的，在生活、社会面前，更强调人的适应性倾向，即使在"人定胜天"的年代，也是有一种既定的人性存在的，为特定的人性目标服务的。从我们的国情分析，普通人内涵符合国家每个历史时期主流意识形态的需要，都是强调普通人对国家、社会的奉献精神，很少张扬普通人自己的个人价值和人生追求。人首先不是作为一个独立、平等、自由的个体而存在，而是按照设计的标准有其归属（有时是强制性将个体归属于某类群体），只有在既定的轨道中前行，个人存在的价值和意义才被认可。至于主导归属的人何以有这种分配权、决定权，普通人很少反思、追问，设计者更是刻意回避，以确保现行归类标准的正当性。

例如，当下有一种论调，认为不应鼓励农村的孩子考大学，其理由是，农村孩子考上大学后，都想留在城里，农村建设就荒芜了，城里就业也困难。看似为农村及农村孩子着想，实际上是等级性的人以群而论在作怪。无论是改革前还是改革后，城乡差别的本质就是公民先天出生地域的差别决定了其后天个人身份、地位、待遇的迥异，农民天生就低城里人一等。在这种论调中，不仅人的身份和地位是先天决定的、不变的，而且维持这种人之先天等级的社会也是不变的、终极的，具有先验的合理性。因此，农村的孩子就应该生活在农村，建设农村的目的是确保城乡差异的连续性。作为普通人的农村孩子依旧被设计成农村人，为城市人服务。然而，现代教育的使命和职责却是改变先天因素决定个人命运的陈旧制度和价值，通过教育，让每个人获得平等、优质的发展机遇和能力，进而推动社会走向文明，而非复制和再生产传统社会的不公正。

从中西方"普通人"语用学的历史考察可以得出如下结论：普通人是在各个方面，尤其在人的价值、地位、智能等相对处于下位的某类群体的统称。首先，普通人是一个群体，而非指向具体的个人，个体只不过是这个群体的写照罢了，每个人所体现的是这一群体的特征和价值，其个性、生命尊严、生长意义完全淹没在群体之中，社会是以群体标准来评价、认知这些具体个人的。其次，普通人是终极社会等级中的一类终极者，一旦确定自己属于普通人，对个体来说就是一种定性和定型，这是社会制度终极化的既定安排，普通人只能安于现状，站好自己的位置，扮演好自己的角色，否则，就为社会所诟病。最后，普通人是一个相对性概念，他处于人与人关系的下位，即使在最底层的民众看来属于上层的社会群体内部，也依等级不同而存在普通与非普通之别，这是因为，普通人生活在一个等级、封闭、专制的社会中，普天之下，没有人能逃脱等级之纲、封闭之网、专制之绳，每个人都因依附关系而生存。所以，普通人是一个社会性功能界定，而非从人自身为目的视角的一种解读。

从社会功能视角分析，普通人是被利用、支配的一个群体。从普通人含义的历史演变可以看出，与其相对应的非普通特殊群体相比，普通人只有被利用的工具性价值，而没有自身作为人的价值和意义，例如，在古代社会，贵族、英雄、伟人是社会的缔造者，普通民众是被驱使的对象，是社会前进的牺牲品；近现代以来，科技主导社会发展，理性得到张扬，专家、学者是社会的灵魂，普通人只具有应用专家、学者所发现、创造的技术、思想的作用，自身对社会的贡献体现在如何被利用的效率上，而非自主、自治的人之目的上；在当代民主社会，普通人获得了很大的解放，但也只是从权利和权力的视角来说的，至于作为人的其他方面，人与人之间依旧存在着根深蒂固的等级界限，普通人还是处于社会的下层。需要指出的是，历史虽然已经进入二十一世纪，但过去的贵族、英雄、伟人情结依然在不同程度地存在着，制约着普通人的命运和社会的进步；专家、学者的专业化屏障还在加固，阻挡普通人的进入，形成新的社会等级，又再产生新的普通人；全球化、民主化浪潮下的文化殖民、话语霸权等并没有消除普通人与其他群体的等级藩篱。所有这些新的现象所折射的一个问题就是，认识普通人必须回归到人的视角，以人自身为目的，为普通人重新定位。

三、现代观念下的普通人走向

随着社会的进步和人性的觉醒，尤其是作为个体人在历史进程中作用的重新认识和评价，普通人也因此而被赋予新的内涵。杜威在论述民主社会的经济发展史时写道："它研究的不是主权和权力的兴衰，而是研究普通人通过主宰自然发展有效的自由。而权力和主权正是为普通人而存在的。"[①] 普通人真正成为社会的主人，权力既来自普通人，又为普通人服务。这是因为，在民主社会，人人自由、平等的价值观打破了产生贵族、制造英雄、获得专业才能的神话，支撑社会等级对立的基础已经动摇。从语用学视角理解，"现代语言学上的习惯所反映出来的有关英雄与群众或平常人的那种强分畛域而不公平的区别是应该坚决打破的——这是民主社会的一项任务"[②]。所以，在现代文明社会中，与权力、权威相对的普通人是社会的中坚力量，真正掌握着社会、生活的发展方向，因为普通人占社会人群的比重最大，他们的尊严、价值、追求自然成为社会发展的目标。不仅如此，以往的所谓权威、权力拥有者，不再是终身制的，而是流动的；而且与那些非权威、非权力拥有者在社会中的价值和意义是平等的、共生的。

而此前的人类发展史则是帝王将相的更替演义，普通人是被忽略不计或以建功立业者的附属品而存在的。在我们的史书上，英

---

① ［美国］约翰·杜威著，王承绪译：《民主主义与教育》，人民教育出版社，2001 年第 2 版，第 233 页。

② ［美国］悉尼·胡克著，王清彬等译：《历史中的英雄》，上海人民出版社，2006 年，第 164 页。

雄、贵族、伟人等轮番登场，整个社会的进程仿佛是由他们推动的，其他人要么是他们眼中无足轻重的无名氏，要么就根本不存在。然而，稍微想一下这些所谓的帝王将相，他们此前又何尝不是无名小卒呢？只是历史的际遇和个人的努力让他们成为史书中的英雄、贵族和皇帝；如果是其他人，也一样可以成为身份、地位、待遇特殊的非普通人，所以，英雄、贵族、皇帝等只不过是人们特意附着在某些人身上的一种符号，每个人都可能成为其中之一，只要社会机遇和个人发展相巧合。问题的症结在于，这些帝王将相何以忘却自己曾经的身份和角色，尤其在史书中刻意掩饰甚至否认？因为过去的社会是封闭、等级、专制的，统治者的目的是愚弄、愚昧普通人，而非人人平等、和谐共生。

在遵奉民主、平等、自治等价值观的现当代社会，传统的身份、地位、专业等所带来的权力受到挑战和冲击，尊重每个人的生命尊严和基本人权成为社会发展的共识，这也具体反映在有关"普通人"在国家发展进程中的地位和作用的论述上。里科弗认为，"甚至在民主仅仅是一个微弱力量的地方，政府事实上除战时以外并不能随意地自由处置人力和财富。在我国，和在其他西方文明国家一样，普通人的价值判断决定国家的人力和生产力应该怎样利用"[①]。普通人开始以主人的姿态参与到国家的管理中，每个人的价值得到充分的尊重和张扬。也就是说，普通人不是被设计和规定的，相反，国家因普通人的参与、主宰而更文明，更具活力！

---

① 华东师范大学教育系、杭州大学教育系编译：《现代西方资产阶级教育思想流派论著选》，人民教育出版社，1980 年，第 185 页。

　　由此不难理解，在现代社会，"普通人"不再是某类特殊人群的称谓，而是每个公民作为独立、自由的个体存在意义和价值所赋予的尊称：因为普通，所以每个人都是神圣的、伟大的。社会的流动性让人们认识到生命的珍贵，诸如英雄、贵族、专家等称呼只不过是临时的特定符号而已，贯穿生命始终的则是充满活力和生机的人自身——普通人。而且基于社会的开放、公正和自由，人们开始对各种职业平等相待，再没有高低贵贱之分。更为重要的是，每个人都有机会和可能经历那些所谓非普通性职业。正是因为每个人的普通，才有可能尝试、体验、享受不同的生命历程，增添生命的色彩。不然，总是拘泥于某种特殊职业或角色，生命就会为这些职业或角色所束缚、压抑，社会也会因此而僵化，走向死寂。

　　之所以普通人在现代社会成为每个人的本然角色，除了具体的社会制度和文化导向影响普通人的认识外，每个历史时期内含的人性假设更是一个至关重要的决定性因素。当普通人与贵族、英雄、伟人相对时，人性主要受制于古希腊哲学中的灵魂理念论影响，每一类群体分属不同的灵魂。而且这种归属是先天决定的，后天不能改变的，是一种终极理念的体现。与以知识、能力为中心的专家、学者等相对时，反映的是理性至上的人性认识论，理性是人类自我解放的武器，掌握知识、获得能力就意味着拥有理性，否则就是非理性的，是被改造的对象，这又是理性终极化的反映。在文明社会中，人们逐渐认识到人天生是平等、自由的，后天有责任、有义务去扫除妨碍人与人之间不平等、不自由的藩篱，创造一个人人平等、自由的美好社会，所以，普通人是社会的主人。

第二章　普通人价值颠覆的人性假设

人类社会走到今天，开始逐渐认识到人自身作为生命体存在的尊严和生成价值，人是作为目的性主体而存在的，而非工具性客体被利用。因此，人与人之间最大的公约就是作为生命的人自身，每个人都承载着人的生命属性，又丰富着人的生命内涵，每个生命是人这一物种的生动写照。所以，关系中的人是平等、自由、共生的，那种将普通人视为等级制度下底层群体的观念，不仅将这些所谓的"普通人"置于非人的境地，自身也把自己封闭于非人的场景，割裂了彼此均为人的生命本质。认识普通人的时代内涵必须从人性的觉醒反思，进而颠覆传统的普通人价值观，赋予普通人应有的生命意义。

一、普通人认识的人性假设

反思普通人的内涵，必须摆脱把人作为社会既定工具的思维，走出认识人过程中的功利主义误区，反省人自身的存在、价值和意义。当然，这种对人自身的反思并不是排斥、否认社会的存在及其对人的影响；恰恰相反，我们所认识的人必须是以社会为依托的，否则，就不能称其为"人"这一物种。但是，认识人不能像传统观念那样理解普通人，以外在的社会化的标准来定型、塑造普通人，无视普通人之于社会存在与发展的价值。所以，必须在人与社会互动的背景下分析普通人的属性，认识人性的本然。

1. 人的有限性

从人类学的角度认识人，"人"始终是处在进化过程中的物种，人作为"类"的独特性就在于他不是被设计好的一个终极性目标存在，其生命的活力和内涵是不断发展的。这就表明无论在哪个层面上，人在进化过程中的每个阶段都是一种有限性存在，如果实现了所谓的终极性的无限、完美目标，人自身就失去了存在的价值和意义，也就不再作为独特的"类"而存在。"生命的真理就是它永远是不完善的、不确定的、有残疾的，因为这取决于它的身外之物"①，即人的有限性表现为自身存在时空的局限和对外交往规范力量的有限，前者是指每个人都是具体历史阶段和空间的存在，受制于自己的生长背景，有自己活动的自然和社会的边界；后者指人在活动中的能力、力量是有限的，意味着他通过对外的实践认识到有限性的必然，从而汲取生命、生活的能量，不断提升自己为人的空间。人的有限性包括差异性、平等性和未完成性等含义。

_____

① ［法国］莫兰著，吴弘渺译：《方法：天然之天性》，北京大学出版社，2001年，第213页。

差异性是人之有限性在个体身上的具体表现，正是人的有限性，人与人之间才呈现出丰富多彩的生命特征，而非无限的终极性统一标准或模式。"人在生物学上都是同种，然而他们之间的不同又那么显著，甚至在他们的指尖端上都看得出来"[①]。可以说，没有人的差异性，就没有具体、鲜活的生命个体，差异是人作为"这一个"的标志，是我之为我的象征。差异不仅体现为外在的形态、方式，更深深扎根于人的历史、文化和习俗中。人的差异性存在意味着人的多样性、复杂性、微妙性等丰富性内涵，表明人是基于差异性的相互交往、共同成长机制，不然，单一的个体难以支撑起人类的家园，差异既为人类社会的生成、发展提供了前提条件，又为社会不断注入新的血液。所以，人的差异性不仅是一个不争的客观事实，更应成为一种人类规范，以差异去挑战、抗衡终极化的统一标准和专制垄断，使个体与社会不断充满生命的活力，走向可能性的未来。

差异并不是等级的借口，相反，人的差异性属性提出了人与人平等的诉求，平等性是人之有限性的自然选择。人的平等性是基于人的生命尊严，"作为一个人，没有人可能被另一个人替换。使他在此领域内占有一席之地的就是因为他有人的尊严，那是他存在的内在的属性"[②]。这种建立在生命尊严基础上的平等与人的性别、职业、信仰、民族、种族、财产、天赋、才能等无关，人的

[①] ［美国］悉尼·胡克著，王清彬等译：《历史中的英雄》，上海人民出版社，2006年，第17页。

[②] ［美国］科恩著，聂崇信、朱秀贤译：《论民主》，商务印书馆，1988年，第255页。

尊严是不可交换的，仅仅就是因为"他是人"这一最基本也最神圣的事实和判断。正如阿伦特所说："生命，而非世界，乃最高的善。"① 也就是说，不能以种族、信仰、权力、职业等外在世界因素来代替生命自身。在人之生命存在的意义上，就个体而言，平等意味着没有人会以任何借口将他人的规范、秩序强加于自己，自己是自己的主人；就社会而言，平等性可以避免绝对主义的盛行，消除终极性秩序和集权世界产生的土壤，从而，使人的差异性衍生出人类的多样性、复杂性，以免将人的差异沦为同质化的目标。所以，平等性是维护和捍卫差异性的屏障，建立在差异性基础上的平等性可以确保人之有限性的合理性，防范无限性的终极性规范窒息人和社会的发展。

人的差异性和平等性是在人的未完成过程中体现出来的，因此，未完成性是人的整体生命属性，也是个体生命存在和发展的意义所在。"完人"是终极者社会的预定目标，是人发展的终点，个体被既定的"完人"形象束缚和限制。然而，一旦设计好了人类的"完人"目标，人的差异性就不会成为人作为目的存在的本体体现，而是被克服、改造的对象。人的平等性也就没有任何存在的依据和价值，人完全被等级化、同质化，失去生命的生机和活力。而且，人的未完成性还确保了有限性人性的必然，如果存在是可以完成的终极性目标，人的差异性就只是暂时的阶段性存在，最终还会走向等级化的终极境地。所以，正是人的未完成性，其差异性和平等性才有存在的价值和意义；反过来，由于人的差

---

① ［美国］汉娜·阿伦特著，王寅丽译：《人的境况》，上海人民出版社，2009 年，第 251 页。

异性和平等性，人的未完成性才能得以确立和延续。同时，就个体而言，人的未完成性还是生命存在与发展的意义所在，这是因为，个体发展的未完成状态可以使其自己免遭被决定的命运，即人的未完成生命是以自我发展为主体的，不然，任何的"完人"理想要么是被设计的，要么就是自我封闭的。由此看来，人的未完成性就是其生命的写照，人永远行走在未完成的旅途中，并以此为人生的魅力所在。

2. 人的生成性

如果说有限性是人的一种静态属性，那么，生成性就是人的动态属性，人是不断生成的，生成是人的生命姿态。无论是从人类漫长的进化历史分析，还是从个体相对短暂的人生过程透视，人始终处于不断地生成的状态之中，这是由人的有限性属性所决定的，因为有限，所以要不断生成，这就是人这一"类"的物种本质。就人的生成性而言，"生"是绝对的，"成"是相对的。也就是说，"生命不是舒服地安居在预定的最佳状态之中；它的最佳状态是有生命力，不屈地走向更高的生存形式"①。即人的生长是永恒的，是一种常态，昭示着生命存在的价值和意义；而生成性则是暂时的、相对的。人的生成性意味着每个个体生命都是具体的、变化的，生成的主体是自己，这是基于人的内在本性的。而且，生成性属性是人的生命体现，正是在生成的过程中，我们感受到

①［奥地利］L.贝塔兰菲著，秋同、袁嘉新译《一般系统论：基础·发展·应用》，社会科学文献出版社，1987年，第161页。

自己的存在和价值，体验到生命充满着挑战、超越和创造；在生命生成的历程中，演绎着人生的乐章。具体而言，人的生成性包括人的发展是自治的、不断超越的，其目标是不确定性的。

在人的生成过程中，人首先表现为一个自治性存在，这是生成的核心机制，以区别于其他物种。从生命系统的复杂性视角分析，人的生命是一种复杂性体系，在生命的存在和发展过程中，人呈现出一种自组织的属性特征，人的自组织特性是应对复杂的生命环境而不断得到强化和完善的。无论是人自身，还是人所面临的各种自然、社会环境，都不是预先设计好的，它们都充满了未知、矛盾等无序性挑战；虽然有时是可预见的，但变化、冲突、挑战却是生命及其社会的常态。所以，站在人的生命复杂系统视角分析，人性"在这里展示了复杂性的逻辑、秘密、奥妙和自组织一词的深刻含义：一个社会因为它不断地自我破坏，所以不断地自我产生"①。人是自我的生成者，具体包括人的独立、自主和自律。人不仅作为"类"是独立的，即使个人，也反映了人的独立本质，而且是人类自治的深化，这是因为，"个人的独立实质也是人的类化，个体的人化。原来只有大写的'人'，人群共同体才具有人格，……现在每一个单个的人都成为人，都具有了人的本质，获得了人格性。'人'因而也就变成普遍的存在，更加类化的存在"②。人之独立性是以生命的开放系统假设为前提的，在开放性的生存与发展系统中，人的独立性才能彰显出来；

①　［法国］莫兰著，陈一壮译：《迷失的范式：人性的研究》，北京大学出版社，1999 年，第 29 页。

②　高清海著：《哲学的奥秘》，吉林人民出版社，1997 年，第 129 页。

不然，独立就没有参照对象，也谈不上独立。人独立的机制是自主，通过自主实现自我，从本能生命升华为自主性生命，超越一般性物种，成为世间的精灵。同时，自主性并不意味着人的绝对霸权，将对象客体化，而是秉承自律性原则，即在生命开放系统中，人是自我反馈、自我监控和自我调节的创造性生命体，促进人不断自我超越。

　　超越性是伴随着自治性而存在的，没有人的自治，超越就是奴性的，非人的；反之，没有超越，自治就是虚无的，就没有人的价值和意义。因此，"人是一种超越性的存在。他总是在超越现实的生活、超越现实的规定性中存在着，超越是人的存在方式，也唯有人是以这样的方式存在着"①。人作为一个生命物种，不仅和其他生物一样，要适应自然、社会；更重要的是，体现人之为人的生命本性就在于他的超越性，超越是人先天的本能，在不满足中实现自我，构建未来。同时，生命的价值和意义也体现在超越的意识、过程和能力中，超越意味着对习俗、规定的挑战和突破，一旦实现了超越，新人就将诞生；而且，人的超越性是永远没有止境的，因为人是未完成的，所以，人的魅力就在不断地超越中。超越性最大的挑战来自人自身，即自我超越，从人的发展历史可以发现，不仅认识自己是最难的，超越自己更难。因此，人必须勇于解剖自我、接受挑战、乐于创新，在超越中实现自我和人类的升华。

　　人的生成性是基于不确定性存在的，正是发展的不确定性，才

---

　　①　鲁洁，超越性的存在——兼析病态适应的教育，《华东师范大学学报（教育科学版）》，2007 年第 4 期，第 6 页。

要求人总是处于生成的状态中。"人是一种具有生存本性的特殊存在者，这意味着，人的存在是一种永远无法予以'对象化'的、永远在超出自身的存在者，它永远不能作为一个静观的'对象'，以知性的方式对它实现一劳永逸予以把握"[①]。不确定性代表着人始终在追求一种可能性生活，构建一种可能性世界，在不确定性中解放自我。因此，人是不能被对象化的，不能被先验的既定规范规定，否则，人就成为物，失去人的主动性、能动性和创造性等生命主体内涵。在不确定性的人生中，每个人都是具体的、鲜活的历史性存在，是个性鲜明的生命体，其生命的价值和意义就在于对不确定的探索、求证、建构、否定，然后再去体验、追求新的不确定。所以，不确定性不是人的局限，而是证明人能自治、超越的前提，唯有人才能有潜能、有意义地在不确定性中实现人的价值。

3. 人的共生性

"共生"最早被人们认知是在生物学领域，德国著名真菌学奠基人 de Bary 医生（1831—1888）将不同生物生活在一起的现象称为"共生"，以区别于"寄生"。但是，生物学的"共生"认识是限于封闭系统内共存、共融的意义而言的，不能简单地应用到人类社会中。随着现代生态学的发展，人们开始认识到，人类社会也是一个"共生"系统，人的共生不同于生物学意义上的理解，

---

① 贺来著：《边界意识和人的解放》，上海人民出版社，2007 年，第 71—72 页。

它强调人及人类社会系统的开放性、多元性等复杂性特征，正如日本学者井上达夫所言："我们所说的'共生'，是向异者开放的社会结合方式。它不是限于内部和睦的共存、共融，而是相互承认不同生活方式的人们之自由活动和参与的机会，积极地建立起相互关系的一种社会结合。"① 人类的共生是由人的多维生命体系所决定的，诸如人的肉体生命、本能生命、智慧生命、社会生命等，这些生命在人类社会层面上并不表现为同质性，但又在一个人类社会系统内存在和发展，所以，人是共生体。而人的有限性、生成性等属性要求人必须共生，不然有限性就会成为局限性，限制、阻碍人的发展；而失去共生的刺激和挑战，人的生成就会缺乏生命的活力，生成性就会成为完成性，走向终极。具体而言，人的共生性包括共在性、共融性和非同质性。

　　人类共生的首要前提就是共在性，人与人不仅生活在同一个生命系统中，而且自己的存在必须以尊重和捍卫他人的存在为条件。现象学认为，"每一个自我—主体和我们所有的人都相互地生活在一个共同的世界上，这个世界是我们的世界，它对我们的意识来说是有效存在的，并且是通过这种'共同生活'而明晰地给定着"②。也就是说，共在是个人存在的依托，没有共在，就没有自己的存在，更谈不上发展；而共在也是人的存在，是人与人基于有限性属性的内在必然要求，它浸透于人的天性中，这是因为，"人类的一个特征就是没有一个人能够做到他可能做的一切，更不可

————————

① 胡守钧著：《社会共生论》，复旦大学出版社，2006 年，序第 4 页。
② ［美国］R.多尔迈著，万俊人译：《主体性的黄昏》，上海人民出版社，1992 年，第 63 页。

能做到任何其他的人所能够做到的一切"①。所以，人与人生存与发展需要共在。共在的世界由三种基本要素组成，即主体要素、资源要素和条件要素，这些要素都丰富了人的共在性内涵。共在性的人首先是主体性的个体，不然，就不能称为"共"，因为共在是由平等、独立、自主的个体构成的；其次，共在性是建立在人类赖以生存和发展的各种资源基础上的，包括物质的和精神的各种资源；最后，人的共在性内含着属于人的条件要素，诸如维系共在的风俗习惯、伦理规范、价值导向等，这些条件有利于共在世界的运行，否则，共在就会成为机械地累加。所以，共在性是我们人类的力量源泉，是人的优势所在。

人的共在性不只提出一种共同生活的要求，更重要的是，每个人就是由他人构成的，人与人是共融的生命体，即每个人是生活其中的自然、社会等的反映，只是这种反映不是简单的复制和再生产，而是以复杂的有机姿态来建构的。从人的主体性来看，"我们能是主体，并且在这种形式下，'我们'相当于'我'的复数。在主体'我们'中，个人不是对象，我们包含相互承认为主观性的众多主观性"②。当自我是主体时，就意味着你周围的其他人也是主体，因为你的主体性是建立在对他人的主体性尊重和体现上的；不然，就像奴隶主和奴隶的关系一样，当奴隶处于被压抑的地位时，奴隶主也是不自由的，因为奴隶主就是建立在对奴隶

①　[美国]约翰·罗尔斯著，何怀宏等译：《正义论》，中国社会科学出版社，1988年，第510页。

②　[法国]让·保罗·萨特著，陈宣良译：《存在与虚无》，生活·读书·新知三联书店，1987年，第531—532页。

的认识之上的，其认识方式和观念必定是奴性的。所以，"无论是谁，只要他是他人的主人，他就是不自由的，而且其至统治就是服从"①。同样，教育活动中的师生彼此认知是我们最熟悉不过的了，教师对待学生的态度和方式就是教师自身素养的构成，也是教师的真实写照，例如，当教师以辱骂、体罚等方式对待学生时，教师自身就失去了为人师表的资格和尊严，因为师生是互为共融关系的共生体。主体的这种共融性又是以共融的生活为基础的，人的共在性决定了人是以相互依赖的方式共同存在和发展的，每个人的生活是和他人的生活密切相关的，是一个共生圈，在这个共生圈中，个人的生活从他人视角分析就是他人生活的有机组成部分，反之亦然。所以，人的共融性表明，每个人及其生活都是人类必不可少的，因而都是有重要生存和发展意义的，即人与人的共融性就是人类存在与发展的基本生活方式。"因为他正在生活这一事实，他就对社会的发展和历史的演进做出了贡献，无论这贡献多么微不足道，甚至连他自己也是在社会和历史的推进作用下塑造出来的"②。

　　人的共在性、共融性并不意味着人的同一性，否则，人就没有"共"的必要，所以，共生还指人具有非同质性，正是非同质性，人才体现出共生的价值和意义，而共生则必须尊重、维护人的非同质性。"共生"不同于"共同"，"'共同'意含当事者共同具有

---

① ［美国］赫尔德著，燕继荣等译：《民主的模式》，中央编译出版社，1998年版，第 74 页。

② ［美国］C.赖特·米尔斯著，陈强、张永强译：《社会学的想象力》，生活·读书·新知三联书店，2005 年第 2 版，第 4 页。

某些价值、规范、目标；而'共生'则是以异质者为讨论的前提，尽管在价值、规范、目标方面有所差异，但正是由于这些差异，才使相互在生存过程中能够建立更加'相互生存'的关系"①。唯有保持人的非同质性，共生才有活力，人类才能共建多元、平等、自主的社会，人才能不断生成、超越、升华。人的非同质性要求个体要学会走向他者，学会理解、宽容、关怀，通过对话、沟通、理解来打破偏见、垄断、霸权，实现人的共生。在追求人的非同质性生活过程中，应有意识地抗拒同化对人的奴役，"承认同化是一种幻想和生活策略的架构，等于承认现存的等级合法性，以及最为重要的，等级的不变性"②。人的有限性强调差异和平等，同化则将等级合法化，背离了非同质性的人性观，是终极者社会维护既定秩序的手段而已。

从以上分析可以看出，人的有限性、生成性和共生性不仅表现在人的内在属性，还体现为一种人之实践规范，人的本质属性和人的实践规范是内在地统一于人的整体生命中的，彼此相互促进和共生。

二、普通人的价值颠覆

人的有限性、生成性和共生性视野下的普通人内涵对传统普

---

① ［日本］尾关周二著，卞崇道等译：《共生的理想》，中央编译出版社，1996年，第129页。

② ［英国］齐格蒙·鲍曼著，邵迎生译：《现代性与矛盾性》，商务印书馆，2003年，第160页。

通人的价值观念提出了挑战，无论是在人性的理解上，还是在普通人的定位上，都颠覆了以往的普通人价值观，这种颠覆可以归结为两种不同的价值观。传统观念下的普通人的认识基础是功利主义，从社会层级的角度来界定普通人，反映的是一种工具价值论。人性视野下的普通人内涵是基于人之为人的目的论而界定的，普通人的发展不仅要尊重人性，而且人性自身还应成为人发展的规范，反映的是目的价值论，即人自身就是其发展的目的。工具价值论认为，普通人发展的价值被外在的社会目标决定，人性及其自身只是被利用的对象，其价值高低取决于外在的标准。目的价值论认为，普通人的价值是内在的，人的发展目的自身就是最高价值，"因为当今最要紧的不是生命的不朽，而是生命之为最高善"①。在目的论价值观中，普通人的发展和社会并不是对立的，普通人就是共生社会的个体人格体现，在普通人身上展示了社会的活力和方向。普通人的价值颠覆主要体现在等级化的类属性与平等的生命个体应然性、等级性与共生性、终极性与生成性等认知方面。

　　从个体生命应然性与类属性方面分析，传统观念认为普通人是终极社会中处于相对下位的某类群体的统称。基于人性的认识则赋予普通人一种应然的人格特征，是基于有限性、生成性和共生性的个体称谓。普通人的工具价值观是以个体是否符合既定的共性标准来衡量的，普通人的平凡、无私、奉献等美德都是以外在于个体的社会要求来定位的，个体淹没于社会的共性规范中。当

---

① ［美国］汉娜·阿伦特著，王寅丽译：《人的境况》，上海人民出版社，2009年，第252页。

某个人自认为或被他人认为是普通人时，是指他符合这类人的共性标准，诸如权力下位、能力低下等，与个体相比，共同的类属性在价值上是至高无上的、不容质疑的，因而，普通人是被决定的，"我们叫作'平常人'的并不是一种生物学的现象，而是一种社会现象"①。是传统的等级、封闭化社会制造了普通人这一群体称谓，否认每个个体作为人所应有的独特价值和生命意义。而人性视野下的普通人内涵则主张作为个体人的价值，每个人都体现了人的完整性、复杂性、生成性和共生性等人性特征，张扬了人的生命价值，正是无数多姿多彩的生命个体，才构成了人作为"类"的生命价值和意义，所以，人的存在和发展是寄托于个性基础上的，没有鲜明个性的生命个体存在，人类将是一个雷同、僵化、死寂的物种。因此，"丰富多彩的个性决不是一件坏事，在文化发展的各个阶段中，丰富多彩的个性总是共同构成了全部人性的丰富源泉，同时也为普遍的人提供了一种支持"②。普通人张扬人的个性价值并不是压抑、否认人的类属性价值，相反，尊重、提升普通人的个性价值可以进一步充实、丰富人作为"类"的属性内涵，使人在多元、平等、共生的社会中不断升华。

从等级性与共生性方面分析，传统社会的普通人置身于以等级来论人的价值体系中，而共生价值理念支撑下的社会则强调每个人的差异、平等和超越，实现每个人的价值，人自身是自己的价值标

---

① ［美国］悉尼·胡克著，王清彬等译：《历史中的英雄》，上海人民出版社，2006年，第164页。

② 瞿葆奎主编：《教育学文集·教育目的》，人民教育出版社，1989年，第699页。

尺。传统普通人的价值是由他在社会中的地位、角色、财产等"身外之物"所决定的，人们认知的并不是他作为独特个体人的价值，而是他所从属的阶层的价值、分类的意义。等级是价值高低的分界线，个体只不过是等级合理化的一个例证或注解，自身不具有人的本体论价值。"在每一种情景中，我们都仅仅以'角色'的面目出现，这是我们所扮演的很多角色的一种，似乎没有一种角色抓住了我们'整体自我'的本质，没有一种角色能被假定与作为'整体的'和'唯一的'个体的'真实状况'完全一致"[①]。即我们在社会中的地位、角色代替了我们作为人的价值和意义。而基于人性的普通人内涵则认为，在共生社会中，每个人的存在和发展就是最高价值，个体体现了人类的生命价值和意义。这是因为，共生社会不是按等级化的设计来运行的，其活力来源于差异、平等、未完成的个体存在和发展，等级化社会将人简单化、静态化，以便对其进行分类、排序、管理。然而，差异性的个体是复杂多样的，仅以人的能力为例，"人们之间种种能力上的差异是比我们的社会安排所能注意得到的远为复杂得多"，[②] 这种人与人之间的复杂性是人类发展的源泉和机制所在，唯有破除人的等级价值观，尊崇人与人之间差异、平等、共生的价值观，人才能不断否定自我、超越自我，走出被同化的险境，在不确定性的未完成旅途中前行。

从终极性与有限性方面分析，传统普通人是终极化社会中的群

---

① ［英国］齐格蒙·鲍曼著，张成岗译：《后现代伦理学》，江苏人民出版社，2003年，第22页。

② ［美国］悉尼·胡克著，王清彬等译：《历史中的英雄》，上海人民出版社，2006年，第164页。

体，体现了终极者的无矛盾价值观，人性视野下的普通人内涵基于人的生成性发展，承认人的有限性，因而，人的生命历程中总是充满着冲突、矛盾，个体在矛盾中实现人的目的性价值。站在传统社会中的终极者视角，理性具有无限性，它设计好了社会中每个群体的生活和社会秩序，普通人和社会其他群体一样，其目标、要求、规范都是既定的，不存在超秩序的冲突和矛盾。在这种终极秩序中，无矛盾的价值观表明，普通人体现的是作为实现秩序的工具价值，自身作为人的价值是功利层面上的，根本谈不上人的自主、自由等生命意志，理性的无限性剥夺了每个人自我发展的空间，导致个人自主、自由权利和追求的丧失，普通人自然就在无矛盾的秩序社会中"通向奴役之路"。基于人性认识的普通人内涵认为每个人都是有限的，包括他的理性，有限的个体在社会生活中必然会遭遇各种各样的问题、困惑，挑战固有的价值观，不断产生新的矛盾。正是这些矛盾使普通人意识到自己作为人的有限性、生成性，感受到共生性的重要，在共生社会中，普通人既是独立、差异的，又是共融非同质的，人的有限性为其生成的未完成性和不确定性提供了自主、自由的契机和空间，有限性虽然不完美，但它是属于自我的，体现了以人为目的的价值观。因此，认识矛盾、解决问题就是普通人自我解放和发展的体现，人自身的存在和发展成为衡量一切的价值天平。

三、重新认识普通人

重新定位普通人必须将其放在人的关系视野中去考察，从中认识普通人新内涵的合理性。因此，我们拟从三个层面来展开对普通人的重新定位，即普通人与人性的关系，普通人与其承担的社会角色人的关系，普通人与人自身的关系。

从人性层面分析，普通人是基于有限性、生成性和共生性等人性内涵的个体称谓，是一种应然的人格特征。人性不仅是人的内在属性，而且是人之为人的行为规范，即人的存在和发展必须和人性发展相一致，并遵循人性对人的具体规定，如此，才能称得上是人，人性对人的发展才有价值和意义，不然，人性就会被利用、扭曲，使人成为"非人"。站在人性的角度，普通人的内涵主要如下。就人的有限性而言，每个人都是有限的，有限不是人的无能和局限，有限性表明人具有无穷的发展空间和自由、自主的天性，所以，有限性强调普通人之间的差异性，每个人都有自己鲜明的、独特的人格特征，普通人无论是从存在方式还是发展模式上分析，都是丰富多彩、复杂多样的，为每个人相互依赖、交互发展提供了可能；有限性还意味着普通人人与人之间是平等的关系，这种平等不只是基于人道和权利的平等，更是人与人之间不可分割、共生发展的一种实体性的平等；同时，在一种开放性的生存空间中，每个人的有限性都会得到不断地充实和拓展，因而，普通人永远是一个未完成者，始终焕发着生命的活力和生机。就人的生成性而言，普通人是具体的、历史的、具有鲜活生命的个体，他拥有自我发展的潜能和要求，每个人有权利、有能力维护自己的生命尊严，追求自己的人生目标；普通人的自治是通过适应和超越来体现的，其中，适应是相对的、暂时的，超越是绝对的、永恒的，普通人的自我实现就在适应与超越中不断向前的；普通人的生成具有不确定性，这并不是说普通人的发展是盲目的，相反，人的不确定性表明普通人有更广阔的发展空间，不为既定的目标所束缚，每个人是自己的主人。人的共生性揭示了人与人生活在同一个时空内的客观存在，每个人的存在是以他人的存在为前提的，彼此共同分享作为主体的价值和意义，拥有共同的资源，遵循基本的共生条件；普通人是以相互融合的方式存在和发展的，每个人都是生活于他人背景中的其他人品行的折射，你认识、对待他人的方式、价值就是你自己，反之亦然；普通人追求共生人性并不是要走向同一，共生是以非同质性为前提的，即人与人之间要学会理解、包容、关心等，尊重他人的生活方式、价值理念，使每个人的个性得到张扬，这样，普通人才既是鲜活具体的，又是和谐共生的。

从普通人和其承担的各种社会角色分析，普通人是人之为人的内核，是个体其他社会角色发展的源泉。在当代文明社会，贵族、英雄、伟人虽然已经淡出历史的舞台，但我们并不否认社会发展不仅依旧需要权威、管理，更需要各种专业性的人才，但这必须从新的人性视角和社会变迁来理解普通人与其承担的各种社会角色之间的关系来认识，从而深化对普通人内涵的认识。就英雄之类的人而言，现代社会已打破了贵族、英雄、伟人的神话，在一个民主、法制的社会，出现伟人、英雄反而是民众的不幸，因为普通大众的才能、权利受到了压抑和占有，大部分只不过是被利用的对象，而非社会的主人，这和现代社会的价值观是背道而驰的。普通人人性观认为，每个人都是有限的、生成的和共生的，传统的英雄等只不过是社会发展机会不均等和等级观念造成的产物，所以，基于普通人的人性论，"任何人只要他能把工作做好，对于公众的福利有着独特的贡献，他便是一位英雄"①。由于每个人都有自己独特的生命价值和意义，每个人也就都有成为英雄的可能，但无论一个人对社会做出的贡献大小，它都是与众不同的，更是共生社会所不可或缺的，因而彼此之间是平等的。对于各种专业人员来说，其普通人定位同样如此。我们知道，专业人员是理性社会的产物，他们是知识、技术和思想的拥有者，但是，如果专业人才封闭在自己的视野内，认识不到人的有限性、生成性和共生性，其结果不仅使专业失去活力，作为专业人员的人自身也失去生命的色彩，正如鲍曼所言："一旦专家技能和他们的辅助技能有效地介入了个体与自然和社会之间的关系，那些拥有这些技能并管理这些技术的人就指挥了生命活动（life-activities）。生活世界本身渗透了专家知识——由它来建构、阐明、监控和复制。"②人完全被专业性的知识、技术定型和束缚。因此，即使是专业人员，也必须认识到自己的专业源泉来源于对人性的尊重，唯有有限、生成和共生的专业素养，专业和人自身才能获得解放，实现双重超越。从以上分析不难看出，随着社会的进步和发展，社会分工越来越细，但分工之间的关系却越来越密切，因为它们都是为满足人的存在和发展需要而催生的，社会发展是为每个人服务的，否则，社会就是畸形的，人就成为"单向度的人"。

从普通人与人自身关系分析，人的其他社会角色是功利性的界定，是暂时的，只有普通人才是真正意义上的"人"。无论是英

---

① ［美国］悉尼·胡克著，王清彬等译：《历史中的英雄》，上海人民出版社，2006年，第164页。

② ［英国］齐格蒙·鲍曼著，邵迎生译：《现代性与矛盾性》，商务印书馆，2003年，第323页。

雄、领袖还是各级管理、专业人员以及各种等级社会中的人之定位，都是从社会功利的视角来定位的，也就是这些角色体现的是社会的要素、要求，只要符合这些标准，任何人都可配称这些角色。但在终极视野下，往往将人所承担或扮演的生活、社会角色等同于完整的人自身，进而将人片面化、定型化、终极化，误解了社会角色与人的关系，"社会角色位置不是为既定个人创造的，而是为按照个人条件划分的人的类别创造的"①。人是主动的目的性存在，各种社会角色则是满足人的特点和需要的，而不是相反。普通人则是以人为中心的界定，没有其他个体可以代替"这一个"人，他既承载了人的素养，又彰显独特的个性差异，是真正的人自身。但是，普通人并不是真空人，他生活在具体的历史场景中，需要承担自己应尽的义务，扮演相应的社会角色；而且，普通人作为真正人的价值和意义正是通过社会来体现和充实的。在共生社会中，每个人必须认识到自己的有限性，才能体验到人与人共在、共融的自然性和必然性；作为生成的人，普通人的自治、超越和不确定是以生活和社会的发展为具体内容的，在推进社会进步的过程中，实现普通内涵的丰富和升华。所以，普通人不是孤立地存在于社会、生活之外的，其存在、发展是人的社会、生活和个性的统一。正是因为坚持普通人的人性内涵，每个人才更能体现出人的尊严和价值，不为社会所异化，不为生活所奴役；社会因普通人建构而更有意义，生活因普通人参与更加美好。可以说，普通人才是真正的人，具备人的"整体性"和"唯一性"特

---

① ［美国］E·拉兹洛著，闵家胤译：《用系统伦的观点看世界》，中国社会科学出版社，1985年，第104页。

征；而人的其他角色只是社会、生活的临时载体，是被碎片化的。

所以，普通人是人之为人的内核所在，是人性作为人的内在属性与生成规范的具体写照。也就是说，"普通"仅仅是一种人性属性和成人规范的界定，而非实体性的终极目标存在，正是由于有限、生成和共生，普通人的内涵才能不断得到充实但永远没有终点的。所以，在人生的每个阶段，只有尊重人的有限性、生成性和共生性等人性属性，并将这种人性化为成人规范，人人就是普通人。

基于上面的分析，可以赋予普通人新的内涵。每个人先验地就是普通人，没有高低贵贱之分，每个生命的诞生，都承载着人这一物种的种属基因，所以，普通人先天就是人的代名词，而不是某类人或某群人的特殊称谓。而在个体出生后的发展历程中，一些人或团体试图以地位、财富、权力、职位、专业等为标签来认识人、评价人，将人等级化、工具化，实际上不再以人为人，而是将人物化，按物的价值衡量人的存在和意义，人自身迷失在客体的对象世界中，人被自己创造的物质世界异化了。结果，普通人不再属于每个人的称号，而是成为人压抑人的砝码——将某些人称作"普通人"。

然而，在现代社会，人们已经逐渐意识到，将普通人归属为某类人反而窒息普通人和非普通人的发展。这是因为，按财富、权力、职位、专业等物化标准规定的人却被这些外在的、非人的东西压垮，失去人的基本内涵；而且这些客体对象总是暂时的、流动的，而根本性的人自身则是伴随生命始终的。所以回归人的生命本然——普通人，成为时代的共识和追求。唯有普通人，才是人真实的面貌，那些临时性的职位、称呼，只不过是在特定场所、具体时间段的应用，普通人才是人的家园；唯有普通人，才能展示生命的活力和魅力，进而不断充实、提升那些物化或功能性称谓的内涵和品质，彰显人的存在和意义。因而，成为普通人始终是每个人的生成状态，存在的普通人既是对过去的超越，也意味着对当下制约人成为普通人的各种物化、工具化因素的克服，生命的价值和意义就在于生成普通人的旅途中。

第三章　普通人的生成与发展

　　普通人既是人的一种理想追求，又扎根于每个人的现实世界。可以说，作为普通人，每个鲜活的生命都行走在不断生成的旅途中。为此，从社会的角度，了解普通人的历史必然性；从个人的角度，探究普通人发展中的影响因素。进而反思教育在其中扮演的角色和发挥的作用。

一、时代对普通人的呼唤

　　社会转型是催生普通人的直接因素，它们不仅为普通人的自我解放提供了制度基础和科技保障，而且还对普通人提出了新的素养要求，不断丰富和深化有限、生成和共生的人性理念。社会转型主要从人类发展的历史形态来分析，即从农业社会、工业社会到信息社会的转型，探讨转型对人性的改变和对人的影响。其中，科技发展在社会转型中占有重要的地位，影响到人的自我认识和生活方式、社会结构的改变等，探究科技发展对人和人性的认识以及人在科技发展中的地位、价值等的差异。在此基础上，得出普通人人性的合理性和普通人新内涵的历史必然。

"社会转型"（social transformation）概念在我国的运用始于社会学界，是借用生物学领域的术语。在生物学中，"转型"（transformation）是指生物物种间的变异，即一种物种变异为另一物种，在社会学上，转型用来描述社会结构具有进化意义的改变。所以，社会转型是指社会结构整体性、根本性的转变，包括结构改变、机制转轨、利益调整和价值观念颠覆等基本内容。纵观人类社会发展历史，先后经历了以农业社会、工业社会和信息社会为中心的三次转型，每次转型都实现了人类存在和发展的飞跃，对人性和人的发展产生了根本性的影响。从原始社会到农业社会的转型使人类从自然食物中解放出来，成为食物生产者，产生了大量的剩余物品，由此也导致人与人之间关系的改变。土地拥有者占有大量的剩余产品和可供支配的劳动力，基于血缘关系的贵族奴隶主阶层统治大批没有人身自由的奴隶。人是按先天的理念来分类的，个人在后天对自己的命运没有选择权和决定权，这是一个人治人的历史时期，并一直延续到封建社会。工业社会是人类的第二次转型，人类从手工业生产转向机器大生产，科学、技术的进步提升了理性在社会实践中的地位和价值，理性成为人性的圭臬，主宰人类的一切，并使人类从土地和宗教的禁锢中解放出来，成为自由公民。但是，理性社会在解放人的同时也确立了精英统治的合理性，理性成为统治人的新的樊篱。现当代则处于人类发展的第三次转型期，即信息社会的来临，它意味着人从机器、理性的桎梏中解脱出来，突出人在信息面前的自治潜能和要求，人成为自己的主人。从人类三次转型的历史可以看出，每次社会转型都是人类自我解放的尝试，人逐渐从对物、他人的依赖走向自治、平等、共生。

　　信息社会打破了工业社会以来的理性权威和精英统治，等级、封闭、静止的社会根基不复存在，普通人呼之欲出。从历史上的社会转型过程看，"转型期的社会，其社会各阶层处于分化与组合过程中"①。而社会各阶层的分化和组合是以对社会资源的控制和社会价值观的主导权为导向来展开的，例如，在从农业社会到工业社会的转型过程中，贵族和僧侣失去了特权，资产阶级占有统治性的资源，主导社会的价值观，拥有社会发展的话语权。在信息社会，知识以惊人的速度积累、更新，既定的社会秩序被打乱，传统的理性权威受到质疑，精英阶层的地位和价值受到挑战，人们开始以平等、开放、发展的视野来认识社会和人类自身。知识成为推动社会发展的重要资源，拥有资源的主体不再被某个特定阶层垄断，理性不再是衡量一切人和事的终极标准，在信息平台上，每个人都可以成为知识的主人，拥有自我发展的资源和权利，人们既认识到自我的独特性和价值所在，又意识到个体的局限性和共生的必要性，人与人之间差异、平等、共生的关系逐渐确立。所以，终极者内在的等级阶层已失去存在的基础，其价值观也日益淡出社会的主流话语而强调每个人应是有限、生成和共生的人性观就成为转型的基本理念，普通人也就应然而生。

　　因此，信息社会所导致的最终结果就是新人——普通人的生成。转型社会所改变的不仅是经济方式的改变，社会价值的更新，权力阶层的重构等，更重要的是，所有这些都会影响并最终体现到人的身心发展层面上，生成新人。信息社会所造就的新人

————————
　　① 林默彪：社会转型与转型社会的基本特征，《社会主义研究》，2004年第6期，第134页。

就是内含有限性、生成性和共生性内涵的普通人。我们知道，信息社会与传统社会的最大不同就在于知识、观念、资源、权力等的流动性，理性设计好的秩序不能再包办一切，相反，理性自身也要成为流动的，接受不断发展的社会的挑战。信息的流动性对人性和人的影响集中反映了普通人存在和发展的合理性，具体表现在以下几个方面：人具有有限性，流动性的信息终结了理性无限、万能的假设，随着信息的更新，没有人是"完人"，可以独占确立社会秩序、决定未知的特权，反而多元化的、流动的信息让人看到多样性、变动性、未完成性等复杂性特征给人和社会带来的活力和生机，人与人之间因差异而平等，人人都是社会的主人，真理处于流动的时间之河中，"由于每个人都是真理的参与者和创造者，所以，每个人的生存愿望和生活旨趣将构成真理的组成部分，每个人的价值趣味和精神取向将内在地影响和决定着真理的内涵"[①]。因此，在承认社会分工所导致的人的差异前提下，每个人都应是普通人。生存于流动的信息社会中的人是不断生成的，在流动的社会中，生活方式、价值观念需要自己去体验、认可，没有统一的标准，这就要求人挖掘、强化人的自治天性和要求，相信每个人是自我管理、自我发展的能动主体，人人是自己命运的掌舵者；自治的个体是以不断超越现在来体现自己的人性活力的，而且，人的自治和超越是没有终极性确定目标的，正是人和社会发展的这种不确定性，才进一步说明生成性人性的必然和生成性人的价值，也就是说，作为普通人，每个人的地位和角色不是固

---

① 贺来著：《边界意识和人的解放》，上海人民出版社，2007年，第216—217页。

定不变的，而总是在生成的过程中的。生成的人由于先天和后天的有限性、差异性，决定每个人不是独立存在和发展的，人天生就是一个群体性物种，需要秉承共生的理念才能实现人和社会的健康发展，所以，人和人必须共在、共融才能迎接流动性社会的到来，并坚持共生而非同质的发展理念，才能张扬人的有限性、生成性人性规范。

　　从社会转型的历史分析，尤其是当代信息社会的转型，人已经摆脱了被压抑、被利用的工具性定位，人自身开始成为社会发展的目的，作为一种目的性存在，每个人都应是普通人，唯有如此，人才能不断发展，社会才能不断进步，教育目的转型必须对这一时代的人性特征和人之定位作出应答。

　　人类社会的每次转型都是以生产力的革命为标志的，而科学技术是推动生产力发展的最直接因素，例如，铁器的使用对农业社会的成功转型，机器大生产对工业社会转型的决定作用以及互联网技术所引发的信息革命，无不表明科技发展对社会转型的重要作用。相对于社会转型的整体性、全面性和复杂性来说，科技发展对人性的影响和人的发展又有它独特的定位和影响，主要表现在科技发展对人作为生命体的认识以及科技发展自身对人的挑战，从而影响人性的认识和人的生成。

　　"认识你自己"，是一个永恒的命题，也是一个伴随人类存在和发展不灭的难题，这是由人这一独特的生命体所决定的。作为生命体，人的身心是有机统一的整体，而非可以机械地分割的对象，随着现代科学技术的发展，人们越来越意识到人的肉体生命与精神生命的内在关联性，诸如脑科学、基因生物学的最新成果所解释的那样，人的精神生命是基于人作为肉体的生命特征和潜在趋

的道路上，人们放弃了对生命意义的追问和企求，完全以科学的名义用公式代替概念，用规则和概念代替原因和动机，"科学—技术的合理性和操纵一起被熔接成一种新型的社会控制形式"①，即理性占据神的位置，人成为科技的奴隶，失去人之生命所拥有的自治性、创造性等属性，人被自己的创造物和理念异化。因此，科学发展观必然改变，走出唯理性是从、技术至上的现代科学观，强调人自身在科技发展中的价值和意义，人的存在和发展是科技进步的意义所在，科技是尊重人并服务于人的，而不是相反。所以，"现代科学将世界描绘成一架机器，使现代意识背离了目的、责任和整体；后现代科学的任务是，让我们保持现代分析工具的锐利，使其发挥适当的作用，并将使我们回到那个花园中，小心而谨慎地工作"②。这个花园就是人类赖以生存和发展的人类家园，也就是说，从后现代科学的视角理解，我们既要发挥现代科学的理性功能，造福人类；又要避免理性的过度自负，忘记科学发展的初衷和根本目的是促进人类的进步，而非以理性、科学的终极性来禁锢人的发展。

因此，科学对人作为生命体的认识以及科学自身的转型必然带来人性认识的改变和新人的生成。首先，人是有限的，无论是科学还是技术，它们都是人自我表达的方式，这反映了人的自我定位和价值导向，而科学和技术发展的趋势表明，人并不是完人，

① ［美国］郝伯特·马尔库塞著，刘继译：《单向度的人：发达工业社会意识形态研究》，上海译文出版社，2006年，第133页。

② ［美国］大卫·格里芬编，马季方译：《后现代科学：科学魅力的再现》，中央编译出版社，2004年，第135页。

可以终极性解决一切问题，那种认为科学可以设计、规划一切的理性至上观点反而是对人的奴役，忽视了人之有限性内涵的自主、自由意志。其次，人是不断生成的，正是因为科技发展所面对对象的不确定性和未完成性，决定了人自身也是不确定的和未完成的，人与他所开创出来的科技是共生发展的，这种发展的机制就是坚持以人为中心的自治、超越原则，不断向着人类的美好未来前行。最后，人是共生的生命体，人与人不仅是互动、共生的，而且人与其他的活动方式、实践对象也是平等、共生的，即你运用什么手段、践行什么科学观就决定了你是什么样的人，秉承什么样的人性观，反之亦然。其中所蕴含的微言大义"即所有的手段都有其附带的结果，而且意味着'手段'本身带有自己所肯定或否定的价值"。① 所以，从科技发展的层面认识人，每个个体都应是有限、生成和共生的普通人，即使是拥有专业素养的科学家、工程师也是如此。

人是社会化的存在，因此，信息社会的来临和后现代科学观的确立必然促使我们重新反省教育实践中的人的定位，以及如何教育学生成人，那就是普通人应成为时代的教育目的。

二、影响普通人生成的因素

在普通人生成的旅程中，虽然时代已经赋予普通人成长的土

---

① ［荷兰］弗莱施哈克：技术与人的尊严，《现代外国哲学社会科学文摘》，1999 年第 12 期，第 33 页。

壤，但是各种历史的、现实的主客观因素会阻碍甚至窒息普通人的发展。因此，呼唤鲜活的普通人，必须了解生命中那些影响人发展的重要因素。

每个人首先是一个自然生命体，秉承着自然、朴素的普通人情怀，即出生时每个人都是充满个性的，人与人之间是平等、自主、自由的。这种先验的普通人内涵是基于他们都是"人"这一物种，集合了人的共性特征和趋向。由此，再一次证明了普通人的准则：只要是从人的视角、标准而非外在的对象来衡量、认知个体，每个人都是普通人；而且唯有普通人观念上的人才充满生机和活力。在儿童早期生活中，我们之所以感觉每个孩子都是天使，聪明、可爱、善良（哪怕孩子撒谎，也是美丽的、透明的），正是因为无意识地排除了世俗的、非人的干扰，从圣洁的、高大的"人"这一神圣生命来评价儿童、认识儿童。

可是，伴随着孩子成长，一些家庭的因素开始干扰甚至左右天真无邪的普通人的发展。这些家庭因素主要来自家长的观念和导向，例如，两个不同家庭的小孩子在居家附近玩耍时，小孩子完全基于兴趣、性格、脾气等忘我地投入到属于他们的游戏中。此时，其中一个孩子的家长可能考虑到另一个孩子的家庭、父母职业、生活习惯等因素，而委婉或直接地将自己的孩子领走，寻找家长认可的小朋友一起玩耍。再比如，孩子到了上学年龄，不同地域、家庭、阶层的孩子会因成人社会的等级而接受不同质量的学校教育，造成孩子之间的距离和冷漠。如此种种表明，在孩子还没进入成人社会之前，人为的等级观念、封闭思想、专制意识就开始影响甚至决定孩子的命运，阻止其沿着自然的天性发展成为普通人。

在我们国家，这种先天的家庭、社会因素几乎无处不在，时刻都在潜移默化地阻碍着普通人的生成和发展。尤为严重的就是根深蒂固的户籍制度，同是国家的公民，却因出生的地域不同，而获得等级性的国民待遇，即我们经常说的"城乡差别"。城乡等级待遇影响着孩子出生所享受的基本保障权利、学校教育、就业，甚至婚姻、生命的价值（城乡人因车祸而有不同的赔偿标准）等。户籍制度的本质在于孩子先天不能选择的地域、家庭因素，后天社会却复制甚至强化这种等级化的制度，让国民相信命运和机遇，而不是寄托于国家和政府的作为，个人的努力。这种户籍制度如今虽然有所松动，但其目的还是维护户籍传统的合理性和合法性，进而维护特定人群的既得利益和权利，捍卫僵化的社会秩序，从而为人的等级化存在和发展奠定基础。

孩子进入学校后，接受的教育理念直接影响到他们对普通人的理解，以及走出校门后的成人取向。选择什么样的学校，进入什么样的班级，遇到什么样的老师，都会导致学生对人的认识和选择。在当下的应试教育思想的指导下，天真无邪的儿童一进入学校就品尝了以等级论人、取人的封建传统观念，从而阻碍普通人的生成。具体来说，以"三好学生"评比为中心的教育评价让平等、自由、独立的学生认识到，在学校里，人也是分等级的，不同的等级享受不同的教育待遇和尊严；而为了获得高等级的称号，可以牺牲掉人之为人的纯真、善良，代之以同学之间相互监督、告密。在开放的知识、真理面前，我们的学生只有接受不加思考和批判的僵化的教条，诱惑天真的学生为成为所谓高等级人才而机械地学习。结果，一部分学生收获了"成功"，另一部分学生则体验着失败、自卑，人与人的等级观念在学校教育中就埋下了疏离、对立的种子。

学生时期的成长虽然对每个人的一生都有重要的影响，但只有走进社会，才能体验、生成真正的人。在社会实践中，首先面对的就是职场中的角色生成和挑战，如果承担的某种角色是开放的、生成的，而且充满人性的，则不仅能不断提升个人的生活品质、社会理解，而且有助于推动进步、文明；反之，如果一旦获得某种角色，就决定了一个人的终生，则表明，个体不仅成为角色的奴隶，而且社会也是生命的桎梏。作为社会分工的产物，角色仅仅是人生历程中特定阶段的、特定场所的符号或标志，是人之社会化的具体表现；同时，通过不同的角色生成和体验，人性内涵得以丰富和深化，从而提升人的生命价值和意义。但是，如果为角色而角色，以角色同化人、取代人，则人就成为工作的工具，本来满足人需要和为人服务的角色成为控制、压抑甚至窒息人发展的"主人"。这折射了机械化社会对人的切割和牺牲，角色因社会的封闭、僵化而被等级化，进而以角色论人，人自然也就角色化，普通人不再是每个人的生命特色，而是社会相对底层群体的专有名词。

不同的社会机制蕴含着迥异的角色定位。文明社会中，任何角色都是为每个人而准备的，这是因为：首先，人的潜能是无限的，生命始终充满着不确定性和未完成性，具体角色所要求的基本规范和素养每个人都可以达到；其次，具体的社会角色内涵是不断变化的，流动的角色自身也需要通过承担者的更迭来获得生机和活力，如此，社会才能不断进步和创新。反之，在一个封闭、等级、静止的社会体系中，角色的内涵是相对固定的，鲜有质的变化，因而，承担角色的人相应地也是固定的，角色不会因新人的加入而焕发活力，相反，人反而因角色的固化、同化而丧失人的本真，成为角色人。例如，我们的一些所谓官员、专家，即使在非行政、非专业场合或领域，也颐指气使地以"领导""专家"自居，既失去角色的修养和魅力，也丢尽人之为人的"颜面"，给人以假、恶、丑之感。之所以会出现这种情形是因为社会不是为每个人的尊严和发展服务的，而是为特定群体的利益而架构的。在这种社会中，特别强调每个人的奉献，维护既定价值观念的合理性，否认社会首先是每个人的有机构成，是为每个生命服务的。为此，一些角色被赋予特别的道德、认知内涵，仿佛只有经过特殊培养和考验的人才能胜任，剥夺了人人可以参与的机会和权利。最终导致各种角色的固化，甚至对立，被角色同化的人也因此是分等级的、对立的，普通人成为底层群体的别称。

　　虽然家庭、学校、社会一直是影响人发展的重要因素，但作为独立、自主、自由的生命体，人自身永远是决定个人发展的最终力量。回顾历史，不难发现，很多处于社会上层的人士所选择的道路是为底层民众争取基本的人性尊严和体面的生活，虽然他们自身衣食无忧，但在这些在普通人看来的"大人物"眼里，他们总是充满着对底层人的关注、忧虑、解放，期盼他们能过上和自己一样的生活，有稳定的工作，受到社会的尊重。之所以如此，就在于人有独立的、自由的思考和判断，而不是被既定的外在环境束缚。否则，如果每个人都被家庭、学校和社会决定，那么，人类社会就不会走到今天，让每个人认可、践行平等、自由、公平的文明理念。而这种超越自身生存环境的动力就来自对人的理解和认识，既然彼此都是人，就都享受这一物种应有的尊严，实现每个人作为独特生命的自我价值。因此，一个健康的家庭、道德的学校、文明的社会时刻都是以培养独立思考、自由选择、勇于担当的个人为使命的。

三、教育的角色和作用

在人的生命旅程中，教育始终扮演着重要的角色，发挥着其不可替代的作用。然而，这种角色的重要性体现在哪里，其之于个体存在与发展的作用如何？人们对此却有不同的理解和实践。

传统社会中，教育承担的是"塑造"人的角色，在人的生命中起着决定性的作用。在这种观念中，教育所塑造的人就是人之为人的标杆，一旦完成教育的"塑造"，作为人的发展目标就基本实现，走进社会则是充分利用、验证教育所培养人的素养和思想合格与否。基于此，教育在塑造人的过程中，不仅为学生设计好他们应该掌握的知识、技能，更为重要的是，教育还驾驭学生的思想、精神等身心深处的发展方向和模型，诸如"教师是人类灵魂的工程师""教师是辛勤的园丁"之类的褒奖，就是在强化教育、教师对学生作为人自主、自由发展的垄断和控制。学生天生好奇、探索、独立、创新的冲动和追求都被冠冕堂皇的"正当性"教育剿杀，将活生生的、充满个性的学生"制造"成等级分明的人工产品，失去人应有的睿智和生命。而且这种"塑造"型的教育和教师总是被冠以"伟大""平凡""无私""奉献"等清教徒式的美誉，以让学生感恩戴德，获得社会赞扬。其本质却是以牺牲教师和学生生命自主、自由为代价的，教师自身也是"被塑造者"，是传统社会的御用工具，而非首先是一个独立的人！

　　该教育观的假设是，无论社会发展还是个人成长，都有一个普遍的、完善的终极规律和目标存在；而且这个规律和目标是先于现实的社会、具体的个人而存在的。这些规律和目标是由所谓的"先知先觉者"预先设计、规划好的，他们仿佛游离于普通的人群之外，专职负责社会和人的"顶层"建构；社会发展和其他人的存在与发展只是验证和强化"顶层设计师"的伟大、正确。因而，在非普通人眼里，社会和个人发展都是封闭的、既定的，社会中的不稳定因素、个人的出格言行都是对规律和目标的亵渎、挑战。因此，传统教育所扮演的角色就是帮助这些"超人"灌输相应的价值观念，培养驯服的顺从者，确保封闭、僵化、等级社会的稳定甚至永恒。

　　但是，历史的发展和个体的成长告诉我们，社会总是在向着文明的旅途前行，虽然不时有挫折甚至倒退，但民主、平等、自由、公正始终是社会进步的方向。同理，发展不仅是个体在教育阶段的特征，而且发展贯穿每个人的生命始终。因此，教育的作用绝对不是灌输既定的社会理念，更不是垄断生命发展的机构。为此，自然就需要反思，教育如何面对变化的社会，如何界定自身在个体生命中的角色？

　　就社会而言，社会是因为每个人的自觉构建而出现的。无论是早期的愚昧阶段，还是当今的文明时期，社会都是每个生命有机参与其中的组合，只是判断一个社会文明与否或文明程度高低的标准在于：每个人是否平等、公正地参与社会，享受其中的权利，担负应有的责任。如果每个人拥有平等、公正的权利，承担相应的责任，则这个社会就是相对文明的，因为该社会属于每个人的，而非特定人群的，每个生命能体验到人的尊严、价值和意义；反之，则是反文明的。也正是在此意义上，我们说，奴隶社会、封建社会等社会是专制的、愚昧的，在这些社会中，只有一部分人拥有人的权利，担负相应的责任，而且这种权利和责任一般都是封闭的、固定的，大部分人只是工具性的存在，生命的独立、自尊、平等、自由得不到尊重和呵护。因此，社会的文明、进步在于人类群体的流动性，社会是人人的，人人是平等、自由、独立的，社会的活力来源于每个生命的质疑、探究、超越和创造；而每个生命的发展权利和意义又有赖于平等、民主、自由、公正社会的捍卫和张扬。尤为值得深思的是，文明没有止境，平等、民主、自由、公正永远在每个人的探索、创新中丰富其内涵，引领人类社会不断迈向文明！

就人的发展而言，从孕育、出生的那一刻起，每个生命都处在"成长"的历程中，生命的本质和存在状态就是成长。因此，那种认为只有在教育阶段人才处于发展状态，一旦走向社会就完成了人的"成长"使命的观念是一种误解。关键是教育时期内的成长与非教育阶段的成长有何差异？进而确立教育之于个体发展的定位和角色。在教育阶段，人的成长集中体现在身心的各个方面，不仅因为这是人生成长的黄金时期，而且也是非教育阶段对教育关键期的重托和期盼。同时，也只有教育是以人的身心发展为直接目的，其他时期的实践虽然也促进人的发展，但与那些现实性的、针对性的活动相比，此时的成长是一种"副产品"。因此，教育阶段人的成长是其他人生时期发展的基础，是以后人生实践的源泉。所以，教育在人的发展历程中必须体现出自己的独立性和独特魅力，而不是机械地、被动地依附于某种社会目标或目的，教育是为个体的"人"服务的，而不是其他社会部门的工具。教育服务不是垄断、剥夺个体走向社会后仍然成长的权利和机制，而是能更好地促进其今后的健康发展，更好地建设、创造文明、幸福的人类社会。

但教育又不是独立于社会而存在的空中楼阁，而是全面地映射着社会的历史、现在和未来。所以，服务人，促进人发展的教育必须将社会引进课堂、学校，但是，不是被动地让社会封闭学生、同化学生，不然学校教育就和人的天性发展相冲突，尤其孩子先天的好奇、探索、交往、创造等就会被压抑和窒息。社会的现实情形、价值理念是学校教育的养料，需要经过学生的消化，化为成长的选择和动力，社会的教育价值才能彰显，教育的魅力才能大放异彩。因此，教育的角色应该表现为，在孩子面前，是个服务生，虽然有自身的目的和程序，但必须以学生的身心健康发展为前提；在社会面前，是个高贵的绅士，虽然教育不会直接创造社会财富，但它在任何条件下都坚持自己的独立、自主、自由，培养平等、自由、共生的普通人。之所以有这样的坚持和执着，是因为教育没有自己的私利，它是为了让每个人享有和建设更美好、更幸福的文明社会。

第四章 终极者教育目的的历史画像

所谓"终极者"，就是对传统社会中教育目的的形象素描，是完美、终结的代名词。就具体个人而言，终极者是每个学生人生发展的最佳状态，只有通过教育并且在教育阶段来完成，此后的人生就是凭借着教育所塑造的这一"终极者"素养去走完人生历程；就社会而言，终极者是社会对教育所培养对象的目标要求，达到了这一目标，就能成为社会的有用之才，符合社会的道德规范，在社会的旅程中，人不再发展，而只是被利用的对象，为社会做贡献，以回馈教育的养育之恩、社会的付出之情。不过，在东西方的历史进程中，虽然都强调自己目的的完美，穷尽人之发展的所有目标和设计，但每个历史时期的终极者又有不同的内涵，映射着各自的历史和文化烙印。

一、西方教育目的的历史画像：终极者形态的演变

对西方各个历史时期终极者形象的反思，主要从三个层面来展开，即每个时期的教育目的具体内涵是什么，其构建的人性基础和教育属性是什么。

1. 古希腊时期的"智慧人"

在西方，"智慧人"形象是和整个人类文明的发展联系在一起的，以至现代人类学家把现在存在于地球上的人类命名为"智人"。而古希腊教育就是以培养"智慧人"为自己的活动目的的，只不过不同思想家、教育家赋予的内涵不同而已。

古希腊教育目的的"智慧人"内涵主要体现在苏格拉底、柏拉图和亚里士多德的教育思想中。苏格拉底的"智慧人"来源于对当时智者派"人是万物的尺度"的超越，他认为，"有思考能力的人是万物的尺度"，而所谓有思考能力的人，就是具备"正义""勇敢""刚毅""节制"等美德的人，"美德即知识"，也就是"智慧"；进而，"美德由教育而来"[①]。所以，苏格拉底的教育目的就是通过认识自己获得知识，最终成为智慧和道德完善的人。在《理想国》中，柏拉图确定的教育目的就是培养哲学家和军人，即奴隶主国家的最高统治者和捍卫者，使他们接近"理念世界"，认识最高主宰——永恒真理，以便统治理念建构的理想国。由于国家由统治者、武士和工农商三个等级构成，每一等级有各自的德行，即智慧、勇敢和节制，教育目的就是指遵循社会等级的严格分类，保持等级界线泾渭分明，培养由人的灵魂等级划分所决定的国家需要的各级人才。在此，"智慧人"不再局限于"认识你自己"的知识、美德层面，而是特指获得理念、以智慧统治国家的统治者，通过教育就可以确保统治者以智慧治理国家，军人以勇

---

① 北京大学哲学系外国哲学史教研室编：《西方哲学原著选读》，商务印书馆，1982年，第165页。

敢保卫国家，工农商阶层节制自己的欲望建设国家，正义则确保每一个人只做适合他本性的事情。亚里士多德以"吾爱吾师，吾更爱真理"的精神，将教育目的"智慧人"的内涵推向一个新的认识阶段，他认为，教育是为国家培养公民的，而公民首先是一个自由人，"适合自由人的教育目的就是自由教育。著名的自由教育的目的就是理智的培养，因为智慧或理性是把人与野兽区别开来的特有的优点"①。在这里，"智慧是科学和努斯的结合，并且与最高等的事物相关。"②③ 所以，智慧包含两方面的内涵，其一是指哲学智慧，如技艺、科学、明智、直觉理性等；其二是指实践智慧或道德智慧，如勇敢、自制、慎思、公正等。因而，亚里士多德认为，智慧是人与更高的存在物共享的，是关于永恒的事物的，所以，智慧人才是真正自由的人，是探索关于纯粹、超越、不变的存在的科学的，反映了亚里士多德的神学观念，也折射了古希腊教育目的基于灵魂论的人性基础。

　　"智慧人"的教育目的是建立在古希腊人之"灵魂"本质的认识基础上的。古希腊所谓的"智慧"是"灵魂"的本质，他们通过对灵魂的认识来认识人的本质。苏格拉底首次明确把人的本质

---

　　①　瞿葆奎主编：《教育学文集·教育目的》，人民教育出版社，1989 年，第 395 页。

　　②　[古希腊]亚里士多德著，廖申白译：《尼各马可伦理学》，商务印书馆，2006 年，第 176 页。

　　③　努斯是灵魂的基于某种目的而把握可变题材的能力的总称，是推理的和实践的思想，相对于科学是无欲求的，它则与欲求相对；而欲求又是实践的理智的出发点，实践的理智的终点又是行为的始点，在此意义上，努斯是理智的一个部分，也可以说努斯是原本的理智。所以，科学和努斯构成智慧。参见亚里士多德《尼各马可伦理学》(商务印书馆，2006 年)第 167—168 页注⑥。

归结为灵魂，提出"认识你自己"的命题，把人对自身自然属性的认识转型为对人的内在精神的追问，"苏格拉底主张，人的本质是灵魂，而灵魂的特点就是精神的理性，是能够自我认识的理性"①。教育的目的就是追问自己的心灵，探索永久的真理，寻找教育的善——智慧，即具有辨别是非、真假、善恶的能力，构建理性的灵魂。柏拉图在其老师理性灵魂和谐的基础上提出了灵魂等级化的和谐教育观，他认为人是由肉体和灵魂构成的，二者是完全对立的，肉体是灵魂临时的载体，灵魂存在于理念世界中，是不朽的、永恒的，灵魂又由理性、激情和欲望三部分组成。对应于灵魂的三个部分，国家由统治者、武士和工农商三个等级构成，每一等级有各自的德行，即智慧、勇敢和节制，教育目的就是培养哲学王，成为最智慧的人——统治者；同时，教育还要保持等级界线泾渭分明，培养由灵魂等级划分所决定的国家需要的各级各类人才。亚里士多德在灵魂论上践行了"吾爱吾师，吾更爱真理"的精神追求，倡导灵魂全面发展的和谐教育观，他认为灵魂是潜在地具有生命的自然形体的形式，这表明，灵魂与身体犹如"质料"和"形式"，是一种生命统一体，彼此"既是两种东西，但又是不可分的存在者，并处于非常和谐之中"②。他将灵魂分为理性灵魂和非理性灵魂，又将身体叫作植物灵魂，将身体置于灵魂的范畴之内；与灵魂分类相对应的就是人的身体、情感和理智的全面发展，所以，其智慧人内涵是科学和努斯品质的统一。"智慧人"

---

① 赵敦华主编：《西方人学观念史》，北京出版社，2005年，第37页。
② 王天一、夏之莲、朱美玉编著：《外国教育史（上）》，北京师范大学出版社，1993年，第53页。

之所以被定位教育目的，是由当时的教育属性所决定的。在古希腊，教育的理想是培养城邦公民，因此，其"智慧人"的教育目的是为如何承担公民职责服务的，是"政治人"的写照。在政治上，苏格拉底倾向贵族政体，认为一般民众缺乏理智，不能作出正确的判断，所以，只有具备思考能力的奴隶主贵族才配受教育，拥有完善的美德，成为"智慧人"，来统治国家。柏拉图坚决反对雅典的奴隶主民主政体，主张恢复氏族贵族的专制统治，构建了由哲学王、军人、工农商三个阶层各司其职、等级森严的理想国，其中，哲学王是奴隶主国家的最高统治者，是神用金子做成的，具有最高的美德——"智慧"，教育就是实现其理想国的基本途径，以培养出国家所需要的各级人才，尤其是哲学王，这一最具智慧的统治者。亚里士多德提出"人是天生的政治动物"的命题，在政治上，他既反对氏族贵族专制统治，也反对商业奴隶主的共和制，认为"最好的政治社会是由中等阶级的公民组成的。这样的国家很有希望治理得好；即在其中中等阶级人数很多，并且在可能时还比其他两个阶级合起来更强"。[①] 所以，他在许多问题上特别强调"中庸""适度"，以更好地维护国家的统治，教育培养科学和努斯兼备的"智慧人"，这也体现了其政治观下的公民素养要求。因此，古希腊的思想家都是把教育当作实现其政治理想的重要手段，以此说明他们有深刻的政治远见和抱负，而非为教育而教育；当教育自身沦为政治的工具时，教育目的只是政治目标的"替身"，这也就在所难免。

---

① 北京大学哲学系外国哲学史教研室编：《西方哲学原著选读》，商务印书馆，1982 年，第 158 页。

2. 中世纪的"宗教人"

中世纪基督教教育的目的是培养虔诚的"宗教人",以净化人的灵魂,使灵魂得到拯救。如果说古希腊教育目的源于哲学层面上的知识与理念,那么,基督教教育则基于情感和信仰。拉丁教会杰出的《圣经》学者杰罗姆(Jerome 约340—420)认为,"一个将进入上帝圣殿的人,要受教育,要学会勿听勿说不是敬畏上帝的东西。对亵渎的辞令,世俗的诗歌,都不要过问"[①]。由此可以看出,教育就是要培养谦卑、服从、忍耐、朴素、虔诚的基督徒,以使灵魂受到良好的修炼,最终得到上帝的拯救。

中世纪的"宗教人"教育目的观是由基督教的人性论所决定的。基督教认为,人生而有罪,"这里的'罪'是希伯来文的chata,这个词的原意是射箭偏离了目标,在这里的意思是人失去了崇拜的目标,这是不可饶恕的罪"[②],即原罪。所以,人的降生自身就伴随着恶的本性,上帝则是至善的,人只有皈依上帝,灵魂才能得到救赎。这种原罪的人性表现为来自肉体需要的,世俗的情感、欲望、私利等,教育目的就是要压抑个性、磨灭意志、服从绝对意义上的上帝。

中世纪的教育属性也决定了其教育目的的"宗教人"定位。在中世纪,教会是西欧封建社会的精神支柱,教会用基督教教义为封建统治进行"神圣性"和"合理性"辩护,鼓吹人人信仰上帝,

---

① 〔美国〕E.P. 克伯雷著,华中师范大学教育系等译:《外国教育史料》,华中师范大学出版社,1991年,第67页。

② 赵敦华主编:《西方人学观念史》,北京出版社,2005年,第68页。

服从教会和教皇，而国王则是由教皇颁布教令来任命的。这样，基督教就垄断了世俗政权，教育就成为宗教的奴婢，正如奥古斯丁所言："主，你是我的君主，我的天主，请容许我将幼时所获得的有用知识为你服务，说话、书写、阅读、计算都是为你服务。"[①]教育目的也就是基督教的宗教目的。

3. 启蒙时期的"自然人"

启蒙运动时期教育目的是培养"自然人"，以反抗封建专制和宗教迷信对人的奴役。不同的启蒙思想家对"自然人"的内涵给出了自己的诠释，如卢梭认为，"大自然希望儿童在成人以前就像儿童的样子"，[②]让儿童按自然的本性、状态发展；霍布斯则从自然权利的视角解读自然人的内涵，他认为，自然权利"就是每个人按照自己所愿意的方式运用自己的力量保全自己的天性——也就是保全自己的生命——自由"[③]。指明了"自然人"的天性和人生目标是自由，是天赋之人权，人的本性就是追求幸福和快乐。这种"自然人"拥有与生俱来的自由、平等、博爱、良知和善，是腐朽、糜烂的社会人所不具备的。所以，教育就是要遵循人的自然天性，让儿童自由、自主地发展，以拯救人类社会。

---

① ［古罗马］奥古斯丁著，周士良译：《忏悔录》，商务印书馆，1963年，第18—19页。

② ［法国］卢梭著，李平沤译：《爱弥尔——论教育》，商务印书馆，1978年，第91页。

③ ［英国］霍布斯著，黎思复、黎廷弼译：《利维坦》，商务印书馆，1985年，第97页。

  "自然人"的教育目的是由启蒙时期的思想家对人的自然性认识所确立的，其"自然人"身份又内含不同层面的人性寄托。卢梭认为，人的天性是善的，在人的心灵深处天生就没有邪恶，"出自造物主之手的东西，都是好的，而一到了人的手里，就全变坏了"[①]。所以，教育必须排除人为的和物的干扰，让儿童自然地成长，成为新人——自然人。之所以将"自然人"确定为教育的目的，还因为"自然人"自身包含了启蒙思想家对人和社会发展的理想。首先，"自然人"内含了合乎人性的政治诉求，不同于中世纪"君权神授"的政治基础，自文艺复兴以来的人文主义和启蒙主义大力张扬合乎人的自然本性的政治主张，以对抗封建专制和宗教迷信，正是基于欲望和私利等人性的自然合理性，现代平等、自由、博爱的价值观念才得以确立。其次，"自然人"教育目的契合了遵循自然法的社会契约原则，"社会契约要求，每个人都把各自对自然事物的权利和自保的权利转让给一个人或一群人，由他或他们代理行使权利，以保全契约者的生命"[②]。这样，人的自然属性和自然理性首次成为国家和社会的契约之本。因此，"自然人"成为教育目的就不仅是简单的原生态的自然属性，更反映了教育自身对社会的一种担当。

  "自然人"的教育目的观是和启蒙思想家对教育与社会关系的理解密切相关的。启蒙时期所宣扬的"自然状态"并不是原生态的天然时空，而是对正在走向成熟、充满自由活力的资本主义社

---

  ① ［法国］卢梭著，李平沤译：《爱弥尔——论教育》，商务印书馆，1978年，第5页。

  ② 赵敦华主编：《西方人学观念史》，北京出版社，2005年，第183页。

会的一种向往和寄托，所以，"卢梭要培养的自然人，其实也就是一个理想的社会中具有公民品格的人，因为在一个'理性'的王国里，公民应有的品质，在自然人的身上都具备了"①。教育目的由"自然人"就转换为国家公民，教育就成为服务于理想国家的机构，但是，由于"自然人"脱离具体的现实社会，它也只能停留于理想的层面，只是理想国家观念中的教育目的，而不可能在教育活动中去践行。

4. 近现代时期以来的"理性人"

十七世纪以来的西方社会是理性张扬的时代，理性成为人们追逐、崇尚的对象，各个领域纷纷把理性作为自己的行动指南和评价标准，教育目的的构建也不例外。这种理性不同于古希腊所理解的"理智"或"理性灵魂"，而是由自然科学上升到哲学层面的一种认识论转向，强调以自然科学研究的方法、过程、结果为认知的范式，突出"自我""主体"等理性人性观，探索事物的规律、秩序，达到科学的水准，从而可以更好地控制自然和人类的发展。所以，近现代以来的教育家认识教育目的的视野就发生了自然的理性转变，"这些教育家为了决定教育目的有更大的可靠性和客观性而转向了科学"②。

教育目的中的"理性人"形象由于对理性认识的差异在不同

---

① 戴本博主编：《外国教育史（中）》，人民教育出版社，1990 年，第 130 页。
② 瞿葆奎主编：《教育学文集·教育目的》，人民教育出版社，1989 年，第 413 页。

的历史时期而有不同的理解，比较典型的"理性人"教育目的观主要有以下几种。康德认为："人只有通过教育才能成为人。除了教育从他身上所造就的东西外，他什么也不是。"①这种教育所造就的东西就是康德所提出的"世界公民"，这是人的终极目标，是至善的承担者，他担负着建设理性世界的重大使命。黑格尔则从自我意识的三个阶段，即"单个自我意识""承认自我意识"和"全体自我意识"出发，提出"世界历史性个人"的概念，以期涵盖整个人类的发展方向，这表明理性设计者的睿智和深邃。赫尔巴特将其教育学建立在古典唯心主义哲学"实在"论和观念心理学之上，他认为，"教育的唯一工作和全部工作可以总结在道德这一概念之中，道德普遍地被认为是人类的最高目的，因此，也是教育的最高目的"②，即具有"自由""完善""仁慈""正义"和"公平"美德的人。由此可见，赫尔巴特的教育目的"就是培养不怀疑现存社会秩序，更能克制自己内心的任何冲动的'完人'"③。这种教育学是扎根于其理性判断和论证——哲学和心理学——基础上的，因而是科学的，毋庸置疑。斯宾塞则把理性指导下的科学知识作为课程的重要组成部分，培养具备科学素养的人，以实现其"教育为完满生活做准备"的教育观，由于科学课程的知识价值和训练价值，这样，拥有科学素养的人就能成为自我生存和独立的理性个体。

---

① ［德国］康德著，赵鹏、何兆武译：《论教育学》，上海人民出版社，2005年，第5页。

② 张焕庭主编：《西方资产阶级教育论著选》，1979年，第282页。

③ 王天一、夏之莲、朱美玉编著：《外国教育史（上）》，北京师范大学出版社，1993年第2版，第321页。

　　"理性人"之所以成为教育目的，在于理性人性论的确立；而理性人性论又是建立在理性认识论基础上的。作为理性认识论，它有三个方面的内涵：其一，从本体论看，世界是一个合乎理性的存在，是一个和谐有序的整体；其二，从人的本质看，理性是人之为人的本质所在，人生的幸福和快乐只有以理性来指导才能实现；其三，从方法论视角看，理性崇尚科学知识和逻辑，探究事物的本质、规律，遵循假设、实验、论证、应用的理性思维。理性认识论必然带来人性论的转向，具体而言，理性人性论倡导如下观点：理性可以超越历史和地域的差异，具有普遍性和永恒性，是人的本质所在；理性的本质是自我意识，作为主体，人不仅能认识外部世界，也能认识自我，追求自我实现和完善；理性人是独立、自由的个体，能自主地实现自我价值和目的，并创建合理性的世界。这样，无论是康德的"世界公民"、黑格尔的"世界历史个人"，还是赫尔巴特的"最高目的"、斯宾塞的"科学人"，都是侧重理性人的不同侧面的写照，以期通过教育实现理性人和理性世界的建构，这也揭示了"理性人"教育的属性所在。

　　从教育属性分析，理性时代的教育虽然不再简单地沦为政治的工具，但却又承担着更神圣、更艰巨的使命——完成人之本质实现的重任。康德认为，"人是唯一必须接受教育的被造物。我们所理解的教育，指的是保育（养育、维系）、规训（训诫）以及连同塑造在内的教导。……规训或训诫把动物性转变成人性"①。教

---

① ［德国］康德著，赵鹏、何兆武译：《论教育学》，上海人民出版社，2005年，第3页。

育起着赋予人理性的价值，通过教育，人潜在的自然禀赋才能自觉地发展他的"善良的意志"，达到普遍的善的境界，教育的目的存在于人们教育活动之外的理性先验设计层面，而非在教育过程中。赫尔巴特的"最高目的"所造就的"完人"显然是维护当时普鲁士专制统治的工具，教育是专制政府的工具，其确立"最高目的"基础——实践哲学和观念心理学只不过是假借理性的科学性而已，真正的目的是利用教育，服务于既定的专制统治。斯宾塞的"科学人"看起来更理性、更科学，但这种"为完满生活做准备"的教育是以设计好的将来生活为前提的，教育自身不具有生成性，其目的也就外在于教育活动自身，教育所体现的只是训练的价值。

二、中国教育目的的历史变迁：终极者情结的演绎

如果说西方教育目的的演变是围绕着理性的不同认识而展开的话，那么中国自古至今的教育目的则充满着典型的非理性因素的影响，诸如情感、道德、信仰等的追求，这些非理性占主导的教育目的往往以理性自居，以彰显自己的科学性，是真理的化身，其本质依旧是践行着终极性的目的追求。

考察中国教育目的的历史演变，我们延续认识西方教育目的的逻辑，即在分析各个历史时期具体教育目的内涵的基础上，剖析教育目的赖以确立的人性根基和教育属性定位，从而揭示其终极者教育目的的历史"合理性"。

1. 古代教育中的"圣人""君子"追求

中国古代教育的目的是以培养"圣人""君子"为旨归的，以期"齐家、治国、平天下"，只是不同思想家的"圣人""君子"的内涵各异，但都是儒家教育理念"明明德、亲民、止于至善"的反映。孔子提出教育目的要培养"修己以安人""修己治人"的统治人才——士或君子，以实现其恢复西周礼制，达到大同社会的政治理想。孟子则对他追求的大丈夫人格作了描述："富贵不能淫，贫贱不能移，威武不能屈。"[①]"大丈夫"具有高尚的气节，崇高的精神境界，这种理想人格是终极道德的写照，不仅在当时，以至在当今，也是国人的理想目标；而"大丈夫"人格却主要靠预定好的内心修养来实现，这反映了孟子教育目的的宏大意旨。荀子的教育目的可以表述为："学恶乎始？恶乎终？曰……其义则始乎为士，终乎为圣人。"[②]这种圣人就是荀子所推崇的"大儒"，他们知识渊博，能以古推今，进而自如地治理国家，可见，荀子的教育目的是培养既定的统治人才的。王充在将知识分子分为文吏、儒生、通人、文人和鸿儒的基础上，主张教育目的就是要培养文人和鸿儒，"文人"能将知识融会贯通，可以利用已有知识"上书奏记"，是称职的行政人才；"鸿儒"则能"精思著文、连接篇章""兴论立说"，[③]具备创造性的理论思维能力，是难得的理论学术人才。虽然王充超越以往教育目的政治化的观点，但其

---

① 《孟子·滕文公下》。
② 《荀子·劝学》。
③ 《论衡·超奇》。

学术理论人才的培养也是终极性质的，即理想状态下的"鸿儒"。朱熹基于"存天理，灭人欲"的理学主张，强调教育目的要"明人伦"，他说："古之圣王，设为学校，以教天下之人。……必皆有以去其气质之偏，物欲之弊，以复其性，以尽其伦而后已焉。"①而所谓"人伦"，即圣人所倡导的"父子有亲，君臣有义，夫妇有别，长幼有序，朋友有信"，教育目的就是要以圣人为楷模，成为至善的卫道者。至此，孔孟之道和朱子理学奠定了整个中国古代教育的根基，也确立了教育目的的"圣人"情结。此后的教育目的具体内涵虽有改变，但追求在道德层面上至善、完美的终极者教育目的却是不变的宗旨。

终极化的"圣人"教育目的观是建立在中国古代"天人合一"的人性论基础上的。无论是"性善论""性恶论"还是"性三品说""日生日成说"，中国古代的人性论都在不同层面上遵循"天命之谓性"的认识论，即将具体的人性归于既定的、终极的天道，从而既捍卫了自己对人性认识的权威，也张扬了人性的终极情怀。然而，天人合一的同时，人也就淹没在天的帷幕下，人性成为抽象的、终极的天理，因此，"完全无视个体的感性存在，仅仅追求伦理理性的自觉，则同样使主体成为抽象大我的化身，从而导致自我的失落"②。也就是说，教育目的中的人完全为外在的、至上的"圣人"所制约，其发展的最终目标就是接近"圣人"或成为"圣人"。同时，中国古代的人性等级论又强化了终极教育目的的内在等级性的合理性，例如，董仲舒将人性划分为三个等级，"圣人之

① 《朱文公文集》卷十五。
② 杨国荣著：《善的历程》，上海人民出版社，1999年，第286页。

性不可以名性，斗筲之性又不可以名性。名性者，中民之性，……
性待渐于教训而后能为善"①。只有中民之性的人才是教育的对象；
韩愈也继承了人性等级论，提出"性三品说"，教育只有在已定的
人性品位内产生作用，"上者可教，而下者可制也"②。所以，古代
教育目的的终极化不仅表现为静态的终结目标，而且，终极目标
又是分等级的，每个教育对象只能在自己的人性决定的终极等级
内发展。

　　从教育属性分析，古代教育目的的终极者培养目标也是必然
的。在古代，教育的功能是教化，是为大一统的王权统治服务的，
正如董仲舒所言："教，政之本也；狱，政之末也。"③教育是实行
政治统治的根本，当政治体制承载着"天人合一"的王道时，它
所需要的人才自然是神圣化的、等级化的，教育就是为培养政治
所需要的既定人才服务的，学生受教育的最佳程度也是由至善、
完美的政治所决定的，因此，"学而优则仕"就成为教育的必然选
择，以至整个中国古代教育没有完整、制度化的教育系统，却只
有完善的考试体制，也说明教育自身是依附于政治的，没有自己
的独立性，其目的也就由政治决定，并因政治的终极化而终极化。
同时，古代教育的教学内容也决定了教育目的的终极化必然，无
论是早期的"六艺"教育，还是后来的"四书五经"教育，中国
古代的教育内容都强调对儒家经典的研习，经典所内含的"微言
大义"是学生学习的终极目标；而且，学生的学习是以"内省"

---

① 《春秋繁露·实性》。
② 《原性》。
③ 《春秋繁露·精华》。

为中心的，直至达到终极的儒家之道。所以，古代教育内容的终极化就进一步确保了教育目的的终极性选择。

2. 民国时期的教育目的

民国时期的教育目的观是相对复杂、多样的，[①]这是由中国当时特定的历史发展阶段所决定的。从教育思想层面分析，既有中国封建教育目的的延续，也有受欧美影响的新教育目的观的本质。

民国时期的教育目的观主要探究政府制定的教育目的和一些教育思想家所提出的教育目的。民国初期的教育是模仿苏俄"以党治国"的模式，强调政治上的一切都以党纲为依据，教育也不例外，即所谓的"党化教育"，其教育目的就是培养"党义"要求的人才，是确定的、定型的、权威的。后来，虽然"党化教育"受到当时进步人士的批判，制定了新的"三民主义教育"宗旨，但是，"'三民主义'教育本质上又是蒋介石的'一个政党、一个主义、一个领袖'的专制主义统治在教育领域里的具体体现"[②]。可以说，民国时期政府主导的教育目的还是反映了中国古代传统文化

---

① 按照我们（大陆）的惯例，一般将民国时期的教育分为"国统区的教育""解放区的教育"和"敌战区的教育"，这是从政治的正统性来说的，带有鲜明的政党特色。如果站在一个国家、民族的历史背景下，解放前的合法政府自然是"中华民国"。但由于当时政局混乱，无论是教育还是其他社会活动，事实上是各自为政的。因此，我们基于对历史的尊重和当前海峡两岸中国人的民族认同趋势，采用"民国时期教育目的"的称呼，只是其中"解放区"的教育目的放在下一部分中论述，以突出教育自身的独立性。

② 孙培青主编：《中国教育史》，华东师范大学出版社，2000 年第 2 版，第419 页。

中的终极追求，只是具体内涵淡化了儒家的正统性，而代之以政党的合法性、合理性而已。

民国时期的教育思想家开展了丰富多彩的教育活动，提出了各自的教育目的论，以表明他们的独立性。代表性的主要有晏阳初的"平民教育"运动，强调"化农民"教育目的；梁漱溟的"乡村教育"运动，以期达到改造农民"愚、贫、弱、私"的教育目的；黄炎培的"职业教育"实践，实现个人谋生的目的；陶行知的"生活教育"理论，倡导"平民教育"目的观等。纵观这些教育家的教育目的，主要是基于人道主义的人性观，针对社会弱势群体而开展的一种生计教育；而且仅仅将这些群体的教育目标限定在谋生层面的文化、技能、道德等方面。虽然这是由民国时期底层社会的具体状况所决定的，也体现了知识分子的进步意识，但是，不能不说在一定程度上折射了这些教育家对弱势国民的终极看法和终极期望。

民国时期教育目的的终极者追求是和当时人性认识、发展的背景密不可分的。虽然在"民国"建立前后，西方资产阶级的自由、平等、博爱等人性论已经介绍到国内，并为一些先行者所接受，但由于儒家教育思想的根深蒂固，传统的人性论依旧左右着人们的人性观，并制约着教育目的的制定和实践。从民国政府层面的教育目的分析，其"党化教育目的""三民主义教育目的"之所以能够推行，还在于国人对开明政府、"圣人"领导的潜在期望，表现出在人性上的他治倾向，而非自主的追求，心中自有一个既定的、终极的理想目标。同样，一些教育家的教育实践也反映了传统人性论的影响，以梁漱溟为例，他认识到西方以人为本人性论的合理性，但面对中国传统的人性观，他还是强调中国国情的独特性价值，"中国的风俗是尊师敬长的，多数人要听老师及师长的话。如果动不动就多数表决，那就把老师与尊长取消了。这怎能与中国人的意思相合呢"？[①] 所以，他在"乡村教育"运动中改造农民"愚、贫、弱、私"的教育目的是以孔子的"仁""礼"为圭臬的，遵循人的天性伦理而变革的，只有按照孔子的人生之路才能带来安宁的精神世界，"这时艺术的盛兴自为一定之事，是我们可以推想的；礼乐的复兴也是我们已经推定的；虽然这也安顿了大部分的人生，但吃紧的还仗着这一路的哲学做主脑。孔子内求仁的学问将为人所讲究，中国的宝藏将于是宣露"[②]。他的教育目的也就自然顺其天理了。

终极教育目的观反映了民国时期将教育工具化的教育属性。首先，政府将教育视为维护政党统治合法性的工具，具体体现为把党章、党义作为教育的宗旨，完全抹杀了教育实践的独立性和尊严，教育只是灌输党章、党义的有效工具，教育目的先于教育活动而存在，并且以正统、合法的途径获得对教育实践的监控权，教育目的是既定的终极目标。其次，一些教育思想家把教育作为救国的工具，即"教育救国论"主张，这些受到西方资产阶级人道主义深刻影响的教育家，抱着拯救民族、服务大众的良好意愿，把教育作为施展自己远大抱负的实践基地，并在局部地区取得了可喜的成就，但由于教育自身的独立性没有得到张扬，教育目的

---

① 梁漱溟著：《梁漱溟全集·乡村建设大意》，山东人民出版社，1989年，第657页。

② 梁漱溟著：《梁漱溟全集·东西文化及其哲学》，山东人民出版社，1989年，第524页。

是一种理想化的终极假设，当它所依靠的政府无可救药时，其教育实践也就无疾而终，其教育目的只能成为历史。

3. 新中国成立以来的"全面人"情结：变异的终极者

新中国成立以来的教育目的观主要反映在我们的教育政策、法规中，个人的教育思想及其教育目的鲜有存在的地位和价值，这是由我国长期实行社会主义计划、集权的政治和经济体制决定的；以至到当代，虽然实行社会主义市场经济，但政治、教育等依旧是高度集权、统一的。因此，我们分析新中国成立以来的思想层面的教育目的，主要从相关政策、法规条文的颁布与实施视角来探讨。

建国以来的教育目的观具体体现在以下政策、法规中。

1957 年毛泽东在《关于正确处理人民内部矛盾的问题》中提出："我们的教育方针，应该使受教育者在德育、智育、体育几方面都得到发展，成为有社会主义觉悟的、有文化的劳动者。"

1958 年，中共中央、国务院在《关于教育工作的指示》中明确指出："党的教育方针是教育为无产阶级服务，教育与生产劳动相结合。"

"文革"期间的教育目的："教育必须为政治服务，与生产劳动相结合，培养又红又专的共产主义事业接班人。"

1981 年在第五届全国人民代表大会的《政府工作报告》中提出的教育方针："使受教育者在德育、智育、体育几方面都得到发展，成为有社会主义觉悟的有文化的劳动者和又红又专的人才，坚持脑力劳动和体力劳动相结合，知识分子与工人农民相结合。"

1986 年《中华人民共和国义务教育法》规定："义务教育必须贯彻国家的教育方针，努力提高教育质量，使儿童、少年在品德、智力、体质等方面全面发展，为提高全民族的素质，培养有道德、有文化、有纪律的社会主义建设人才奠定基础。"

1993 年《中国教育改革和发展纲要》指出："教育必须为社会主义现代化建设服务，必须与生产劳动相结合，培养德、智、体全面发展的建设者和接班人。"

1995 年《中华人民共和国教育法》规定："教育必须为社会主义现代化建设服务，必须与生产劳动相结合，培养德、智、体等全面发展的建设者和接班人。"

从以上教育目的的表述可以发现，新中国成立以来的教育目的观有两个基本倾向：第一，教育的最终目的随着社会的变迁从"劳动者"逐渐过渡到"接班人""建设者"；第二，教育目的承载者的身心素养内涵始终强调德、智、体等"全面发展"。就最终目的而言，无论"劳动者"，还是"接班人""建设者"，都是教育之外的政治领域人才标准，只不过不同的历史时期其内涵稍有差异而已，"劳动者""接班人"侧重于阶级性划分；"建设者"侧重经济发展需要。但是，有一点是共同的，即这样的教育目的是以人的身心发展为前提达到既定的政党、政治目标，教育目的不是基于人性而是从政治、经济发展的需要来构建的，目的先于个体和教育而存在，其症结在于以外在的、确定的目标实现代替人的整体发展，将人的某一方面的素养等同于人的所有潜在和可能的素养，无视甚至剥夺个体私人空间的发展，单向地张扬人的政治性素养，"教育所要做的是训练能够进行'社会劳动'的技能和政治品格"①，也就是说以"政治人"取代人的普遍性、自然性发展。就"全面发展"的素养而言，其来源与应用是矛盾的，"全面发展"源于马克思对资本主义大生产对人的畸形发展而提出的，现代生产必然要求"用那种把社会职能当作相互交替的活动方式的全面发展的人，来替代只是承担一种社会局部职能的局部个人"②，显然，"全面发展"是指通过现代大生产脑力劳动和体力劳动的结合，实现人之智力和体力的和谐、整体发展。当我们拿到教育领域中来时，就忽略了"全面发展"的前提条件和最终目标，反而赋予"全面发展"一种特定的内涵。"教育中的德智体等全面发展的内容，主要是指个体符合特定社会目的与集体的工具性职能素质，并不是从个体的内在需要和生活本体出发的，即不是以人为目的的"③。是将人工具化，以人之外的标准框定具体的、鲜活的生命个体，这样，为了表明"全面发展"的合理性和合法性，这种"全面发展"就被赋予普遍性、永恒性的理性权威，这是评判人是否健康发展的唯一标准，是终极的裁判者。

教育目的终极者定性的人性基础是建立在对马克思人之本质认识基础之上的。新中国成立以来的教育目的虽然因时代的变迁而

---

① 金生鈜：教育的多元价值取向与公民的培养，《教育理论与实践》，2000年第8期，第7页。

② 《马克思恩格斯全集（第23卷）》，人民出版社，1972年，第401页。

③ 金生鈜：教育的多元价值取向与公民的培养，《教育理论与实践》，2000年第8期，第4页。

不断改变，但其教育目的的人性根基是马克思主义的人性观，这是社会主义国家教育制度的必然选择，但问题的关键是如何理解革命导师的人性观。我们一般是从马克思的人之本质论来认识人性的，马克思认为，"人的本质不是单个人所固有的抽象物，在其现实性上，它是一切社会关系的总和"①。这一论述揭示了人是现实生活中的、复杂关系背景中的人，人的社会关系形成了人的本质，决定了人的社会属性。然而，教育目的终极化在人性的认识层面上恰恰是对这一经典论述误解的后果。首先，人的本质不同于人的本性，这是两个不同的概念，"在马克思的德文原著中，人性（Die Humanitat）是一种直接性的范畴，它与人的存在是直接统一的；人的本质（Das Wesendes Menschus）则是间接性的范畴，是属于反思的概念"②。将人性等同人的本质的结果就是人是由外在于他的社会所决定、定型的，人性中的主动性、能动性和创造性成为被利用的因素，而非发展自身的目的，否定了人的内在属性和外在规范在人性上的整体性、同一性特征。所以，当教育目的以人的本质为基础时，教育目的就像对人的本质认识一样，是以既定的模型、终极的目标为目的，人受教育的结果就是达到确定好的标准。其次，是对"社会关系总和"的理解，马克思的人的本质论述出自《关于费尔巴哈的提纲》，一些研究认为，"由于该文全文是用德文写的，唯'总和'一词用法文，一些学者根据这个词的法语词源译为'总体'，以为这样更确切，更符合马克思的原

① 《马克思恩格斯选集（第1卷）》，人民出版社，1995年第2版，第60页。
② 袁贵仁著：《马克思的人学思想》，北京师范大学出版社，1996年，第78—79页。

意"①。由此可以看出，"总和"是就量的机械相加而言的，"总体"则指对象内部的集合以整体形象呈现，人的本质是社会关系人性化的整体反映，而非简单地各种社会关系的机械累加。我们的教育目的之所以始终强调"全面"和对社会关系的"总和"认识有内在的关联，忽视了人自身在社会关系中的整合作用，导致教育目的希望以"全面"涵盖整个社会要求的初衷，以达到终极化的教育目的。结果却出现越全面，越无法满足社会对"面"的需求，其症结在于以外在的"面"代替人的自主性生成发展，当出现没有接受过的"面"时，就不知所措了。

而新中国成立以来的教育属性定位则直接决定了教育目的的终极者诉求。作为社会活动的重要组成部分，教育属性具有某种社会其他活动的性质，这是自然的，也是必然的，但我们的问题是，教育的属性简单地被其他占主导地位的社会活动性质取代，忽视了教育自身的本体存在价值，只强调教育的功能，片面地认为教育应为社会服务，自然就应服从社会的需要、设计，否认了教育自身的独立性，只有教育独立了，教育自身才能更好地服务社会。从"劳动者"到"接班人"体现的是教育的上层建筑属性，教育应为政治服务，国家按政治的发展机制办教育，教育政治化最直白的观点体现在列宁的一句经典论述："学校应当成为无产阶级专政的工具。"②教育要培养"建设者"则反映了社会对教育生产力属性的重视，以期通过教育培养社会主义事业建设所需要的人才，教育要为经济发

---

① 袁贵仁著：《马克思的人学思想》，北京师范大学出版社，1996年，第90页。

② 《列宁论教育》，人民出版社，1990年修订版，第185页。

展服务，其立论根基在于"人是潜在的生产力"和"科技也是生产力"的相关论述。无论是教育的上层建筑属性还是生产力属性，就教育目的的终极化定性而言，其社会属性的决定论主要表现在两点：首先，每种教育属性论都是从教育之外的社会活动的性质、需要来确定教育目的，教育只是被利用的对象，教育的价值在于可以培养他们所需要的特定的人，人的成长目标是被事先预定的、定型的，所以，这些教育属性下的教育目的是非人的。其次，每种教育目的都强调自己的普遍性、永恒性，可以诠释教育活动的一切，进而确保对教育的垄断，掌握教育目的制定和诠释的话语权，这也是我们的教育目的始终强调"全面"的原由所在，即以"全面发展"承担其特定社会活动的职责，这样，"全面"是对某种社会活动的职能需要来说的，而非人自身自主、自由的全面发展。由此不难看出，我们的教育属性论述决定了教育目的的终极化必然。

三、终极者的特征及其教育观批判

从中西方教育发展的历史可以发现，传统教育是以终极者为目的的，以体现教育的工具价值。每个历史时期的教育目的内涵虽然不同，但作为终极者，都有一些共性的特征，从而引导教育实现其终极者目的。

综合各个历史时期的终极者教育目的的具体内涵，教育的目的是建立在对人"有限性""矛盾性""历史性"的解决与超越基础上的，因而，终极者的特征主要表现为理性层面的无限性、价值层面的无矛盾性、存在层面的非历史性，其认识基础同一性逻辑和形而上学逻辑。

首先，终极者体现为理性层面上的无限性。自古以来，无论是古希腊的灵魂理念论、中世纪的神学理性主义，还是文艺复兴时期的人文理性主义、近现代以来的科学理性主义，理性一直是人类孜孜以求的终极目标，这是因为，理性是人自我发展、自我实现的最高目的，具有理性美的境界。相对现实中具体人的有限性，理性人代表着人发展的至善状态，如人之主体性的充分发挥，道德上的完美无瑕等，尤其重要的是，理性人能构建理想的、终极的理性社会，即他会按照理性的逻辑发现历史的规律，设计社会的秩序，从而使人和社会在理性的轨道上前行。由此，理性的这种无限性就获得认识世界本质、驾驭世界秩序的权威。在教育上，每种教育目的总是假设自己所设定的培养目标是最完善的，既符合人性的要求，又能满足社会的需要，只要通过教育实现了这一目的，不但人达到了发展的终极目标，受过教育的人也因此能完成建设完美社会的使命。

其次，终极者体现为价值层面上的无矛盾性。人类一直为人和社会中的矛盾现象所困惑，总希望人自身和社会发展中的冲突和摩擦彻底解决，并达到一种和谐、完美的状态，而终极者所赖以确立的理性无限性就为克服这些问题设计了理想的解决方案，即理性对人和社会秩序的制定、预测、监控，在理性社会中，"秩序的意思是指单一性（monotony）、稳定性（regularity）、重复性（repetitiveness）和可预见性（predicability）"[1]。这种社会是一个没

---

[1] ［英］齐格蒙·鲍曼著，欧阳景根译：《流动的现代性》，上海三联书店，2002年，第84页。

有质疑、没有矛盾、没有不测的社会，是理性设计的结果，更是秩序的体现。也就是说，现实社会中的矛盾和相应的解决方案完全在理性的掌控之中。作为教育目的，培养终极者的职责是使矛盾中的个体走出迷茫，以自己所拥有的理性品质去解放他人、解放社会。

最后，终极者体现为非历史性。由于理性所设计的人和社会的至善境界，"当这一状态被最终实现时，也就意味着'历史的终结'，人达到了如神一般的圆融自如的完全自由境界，并从此可以摆脱历史的炼狱而抵达人与自然、人与世界、人与自身的'本质同一'之境"[①]。所以，理性人就超越了地域、民族、信仰等具体性时空，凭借着理性，成为超越历史的"超人"。教育就是要培养这种超越历史存在的终极者，为个人的自我实现和社会终极目标的实现服务。

终极者在教育上表现为抽象人的形象，其认识逻辑为形而上学思维。形而上学追求超越具体现象的绝对本质和终极真理，以构建超越时空的、普遍的、永恒的终极存在者，从而解决人世间的矛盾和冲突，走向和谐、统一的大同世界。所以，形而上学思维所确立的终极者是承载着人类最高智慧和至善美德的抽象人，这种抽象人是人的一种最佳"成熟状态"，拥有支配自然、世界、自我的力量和权力，在历史的演进中，抽象人的终极表现因时代不同而被赋予不同的内涵，如古希腊的"智慧人"，中世纪的"神性人"，启蒙时期的"自然人"，近现代以来的"理性人"等。具体到教育实践中，"智慧人"高高在上，难以企及；"神性人"悲观

---

① 贺来著：《边界意识和人的解放》，上海人民出版社，2007 年；第 96 页。

厌世，抹杀人性；"自然人"空有理想，难以实施；"理性人"急功近利，扼杀个性。这些终极性的抽象人是通过将感性的、具体的个体工具化而实现的，每个人成为教育定型的对象，而不是发展的目的。

终极者教育目的基于同一性逻辑实现对学生个体的引领和规范。终极者的理性建构基础决定了同一性逻辑在塑造抽象人的合法性和合理性，"'同一性逻辑'是一种漠视差异性、特殊性的个性，即一种否定和压抑'他者'的逻辑，在'同一性逻辑'的控制之下，一切差异性、特殊性和个性都被视为虚幻不实的存在，一切'他者'都必然被同一性的先验原则这把剃刀专断地削平"[1]。所以，同一性不仅实现了人对自然的控制和压抑，还规范人自身，即来源于人之理性的终极者还压抑、扼杀他自己的主人——人，出现人统治人的局面。在教育实践中，教育者总是以既定的目的、目标来规范学生的一言一行，使抽象人成为具体个人发展的模本。

从以上的分析不难看出，在理性视野里，终极者是人发展的终结状态，它代表着人在知识、能力、情感、道德等方面达到一种完美、和谐的境界，这种境界是完美的，意味着任何进一步的变革既不需要，也不明智，人已经实现其发展自身的目的，并就此终结。由此，终极者就可以改造他人和世界。

终极者代表了人之发展的最完美状态，是一种终结性境界。但每个人完美状态的内涵是不同的，这意味着，终极是分等级的，不同个体的终极目标是各异的，只是相对于每个人来说，能够实现自己所属阶层或类别的终极目标就是完美的。至于终极者的等

---

① 贺来著：《边界意识和人的解放》，上海人民出版社，2007年，第20页。

级构成，则是由理性所设计、安排好的，每个人按既定的理性规范前行即可。

终极者的等级构成是按理性将人功能化而划分的，即人的价值是由其在理性设计好的秩序中所承担的职责决定的，人被职能化，或者说人的职能所需要的素养代表了人自身。近现代以来，理性把社会精英作为终极者的典型，这是现代社会发展的理性选择，传统社会是靠血统或阶级来统治的，否认每个人的自主性和主体地位，而精英是人们按照共同认可的社会法则——理性——所选择和培养出来的，因而，"有效力的统治与权威是要靠精英（elites）——而不是阶级（classes）——的形成"①，精英就成为理性社会的终极者。但社会并不是完全由精英构成的，其他的非精英个体也有他们各自的终极目标，其具体内涵和职能却是由精英这一理性的集大成者设计和规范的，所以，"精英的自我分裂将社会分成三个而非两个社会集团：精英——担任自封的社会楷模；群众（精英的'他者'）——因而是不开化、野蛮、无知的；第三类人——希望净化、教化和启蒙群众的传教士、训练者和教师"②。这三类人一般分别称为精英、普通大众和规训者，他们都是基于理性的根基而确立的。精英群体包括政治、经济、文化、科技等各个方面的终极者，他们负有领导、规划和创造的职能，其理性基础是古典理性主义对理念拥有者的追求和近代以来人文理性主义、

---

① ［英国］雷蒙威廉·斯著，刘建基译：《关键词：文化与社会的词汇》，生活·读书·新知三联书店，2005年，第145页。

② ［英国］齐格蒙·鲍曼著，郁建兴等译：《生活在碎片中——论后现代道德》，学林出版社，2002年，第261页。

科学理性主义的推崇；普通大众则是由理性批判、改造的非理性的承载者；规训者则是神学理性主义实践的延续，是为维护终极化社会的合理性和合法性进行辩护的维护者。站在理性视角，精英是理性的倡导者和体现者，规训者是理性的捍卫者，普通大众则是理性的改造对象，每一类在理性社会中都有自己的终极目标，彼此恪守严格的等级边界，在每个个体身上，只有类和阶层的不同，没有个体之间的本质差异，每个人都是他所属类之终极者的化身。

所以，终极者的等级分类不是人自身特征和发展的分类，而是理性按所设计的社会职能而进行的功利性划分，人被他所追求的理性异化。首先，每个人在生活中所体现的只是他所属的终极者定位的一个角色，暂时性的角色因理性的规划而代替了永恒性的人，然而，"角色并不是'自我'——只是在我们工作期间穿的工作服，当下班后，我们就又把它脱下来"①。但是，在理性社会的长期规训和认同下，人们往往忘了具体的自我，真实的人自身，而把精英设计好的"角色"等同于自己，人的丰富性、多样性、不确定性等内涵完全定型，这样，每个人就被当作理性合情、合法的证据，维护既定的理性社会秩序，人被工具化。其次，终极者内部的等级分类还强化了每个人对自我归属的认同，并自觉地担负起防范、矫正人之非理性欲望、要求的职责和使命，即每个人把自己的终极属性定位理性的基本规范，从而监督自己和他人的非理性诉求，作为解放人的理性反而成了束缚、压抑人的工具，

① ［英国］齐格蒙·鲍曼著，张成岗译：《后现代伦理学》，江苏人民出版社，2003年，第20页。

人自然就为他追求的理性所异化。再者，既然每个人都有自己的理性归宿——各自的终极定位，那么，人们就应该按理性所建构的社会秩序各安其位、各尽其能，共同维护精英阶层所设计的社会的合理性。

　　具体到教育实践中，体现终极者等级化的就是精英主义教育，即通过教育，培养社会精英，同时筛选和训练其他不同层次的终极者。理性社会中的终极者分类不是先天决定的，必须符合理性的普遍原理，才能获得大众心甘情愿的认同和维护，这个普遍原理就是使大家认识到，教育是塑造人的，我们的角色定位和终极归属是通过教育来实现的，是公正合理的，正如鲍曼所言："栖居在这个空间的人没有自己的身份，没有'个人的身份'——他们从他们所'从属的'——或者，更确切一点说，从他们被分配的阶级中得到他们的身份。这种分配在获取知识的过程中被完成了。"[①] 所以，从知识社会学的视野分析，教育中的知识本身就反映了理性的判断、选择，包含了理性所建构的终极者价值、伦理，教育中的知识就决定着你的价值，表明你的身份，使你在教育的规训下，逐渐忘记、否定真实的自我，最终成为符合理性规范的、属于你所属类型的终极者。这样，"学校就按每个人在社会劳动分工中占据的位置培养他们"[②]，而不是基于人自身的自主、自由的需要，更不可能以人自身的发展为目的去培养他们。在终极者的各级各类

　　① ［英国］齐格蒙·鲍曼著，张成岗译：《后现代伦理学》，江苏人民出版社，2003年，第175—176页。

　　② ［法国］杜里·柏拉、冯·让丹著，汪凌译：《学校社会学》，华东师范大学出版社，2001年，第63页。

等级分类中，教育是围绕着如何培养精英而展开的，其他终极者只是为了将来更好地听命于精英的安排和控制。从历史的发展来看，"自文艺复兴时期一直到如今的人文主义者并不是真的在向人们灌输学问或知识，而是在繁衍社会差别。教育服务于精英阶层，而非真理"[1]。也就是说，精英教育是强化和复制理性所设计的终极者社会的阶层和价值，知识、真理只是它达到自身目的的一个道具，教育所起的是将终极者等级化的筛选作用。之所以强调教育要为精英阶层服务，这是因为，只有精英被赋予理性的知识、能力、道德，他们是理性的驾驭者，培养精英就可以实现理性社会的再生产，维护终极者界定的权威。为了培养精英，终极者理念需要把培养人的神圣天职当作"园艺教育"来实施。

　　终极者教育目的在现当代是通过"园艺教育观"来实现的，现代园艺教育的本质是将教育视为"造人"的一项工程，其教育目的是培养理性思想的信仰者、捍卫者和传播者，以服务于理性设计的秩序社会，并确保这种秩序社会和园艺教育自身的再生产。现代园艺教育建立和发展的根基是理性及其设计秩序，在园艺文化土壤中，作为园丁的教师被赋予"造园"的权力和监控的职能，学生成为被规训的对象。

　　"园艺"是英国当代学者鲍曼在研究中最喜欢和最常用的一个隐喻，所谓园艺，原本是一种花园管理和建设的技术，其首要任务是进行园艺规划，以期清除花园中的杂草，使花草树木按管理者设计好的品性和姿态生长。具体到园艺教育，则是指"'教育'理想

————————

[1]　［美国］丹尼尔·科顿姆著，仇蓓玲、卫鑫译：《教育为何是无用的》，江苏人民出版社，2005年，第3—4页。

意味着塑造人类的一类工程，这是作为一个整体的社会，尤其是它的立法者的唯一和全部的责任"①，即教育是一项规划、塑造人类的园艺工程，像花草树木一样，人是园丁——立法者和管理者——设计好的既定模型，教育是一项造人的工艺、工程。因此，从教育与社会的关系分析，"教育决不能被看作是在社会劳动中的一个独立的部分，恰恰相反，教育必须被看作是所有社会机构都具备的一种功能，被看作是日常生活中的一个方面，是根据理性的声音来设计社会这一观念的根本结果"②。也就是说，园艺教育的规划准则是现代社会奉为圭臬的理性规范，教育是作为一种工具性的活动而为既定的理性社会服务的，其价值就在于工具性而非活动中的人和教育自身的目的性，所以，"他们永不会忘记他们所认为的教育的根本目的：理性思想及其传播应该服务于有序社会的建立及巩固"③。可见，园艺教育的目的是培养理性思想的信仰者、捍卫者和传播者，即各级各类的终极者，以期为有序社会的建立和发展服务。而这种有序社会又是理性设计的产物，在理性规划中，"有序"不仅意味着社会角色的多样性，还意味着社会利益分配不平衡的合理性；而且多样性社会角色之间的社会等级界限是永恒不变的，并确保理性制度下的每个人都满意于自己所处的社会位置和享有的社会权利，这就是园艺教育的最终理想和目的所在。

---

① ［英国］齐格蒙·鲍曼著，洪涛译：《立法者与阐释者——论现代性、后现代性与知识分子》，上海人民出版社，2000 年，第 92 页。

② ［英国］齐格蒙·鲍曼著，洪涛译：《立法者与阐释者——论现代性、后现代性与知识分子》，上海人民出版社，2000 年，第 93 页。

③ ［英国］齐格蒙·鲍曼著，洪涛译：《立法者与阐释者——论现代性、后现代性与知识分子》，上海人民出版社，2000 年，第 100 页。

　　园艺教育的具体设计、操作、评价是由教师这一园丁角色来完成的，教师是以国家、社会的"园艺师"来自居的，在教育实践中，教师承载了园丁的权力和职能。园丁角色的教师拥有支配现代性的权力，是现代国家的牧羊人，在鲜花与杂草共生的教育花园中，"园丁能够将园中植物与杂草区分开来——因为他拥有这样的界定权；只要他的界定权威继续存在，他的判断就有约束力"①。教师的"园艺"界定权是基于对理性的垄断和解释，他是通过理性代言人的身份来获得理性社会的认可和授权，进而行使其园丁的职能的。鲍曼认为，"这便是职业化的、专门化的'教师/监督者'的功能：纠正人的行为，'使之整齐划一'，弱化或抑制出于无序或反复无常的举止所产生的后果"②。具体而言，教师是以理性放大镜来裁剪学生的一言一行的，诸如哪些行为需要防范，哪些行为需要矫正，哪些行为需要惩戒等，都在教师的掌控之中。所以，在园艺教育实践中，教师总是以理性的权威出现在儿童面前，以理性的标准去规范、约束、压抑儿童的发展。

　　在园艺教育中，儿童始终处于被监控和被规范的地位，是被动的规训对象，通过园艺教育以期达到相应的终极者目标。"儿童被视为需要紧密而不断地对之进行监视与干涉的脆弱生物"③，园艺教育其目的就是要将天真、活泼、好动的儿童置于理性规范之下，

---

　　① ［英国］齐格蒙·鲍曼著，杨渝东、史建华译：《现代性与矛盾性》，商务印书馆，2003 年，第 269 页。

　　② ［英国］齐格蒙·鲍曼著，洪涛译：《立法者与阐释者——论现代性、后现代性与知识分子》，上海人民出版社，2000 年，第 98 页。

　　③ ［英国］齐格蒙·鲍曼著，郇建立、李静韬译：《后现代性及其缺憾》，学林出版社，2002 年，第 172 页。

成为园艺教育设计的理想模型。对儿童的监视和规训是通过教育权力和文化知识的联盟来实现的，园丁的教育权力体现在选择知识、传授知识和评价儿童的教育过程中；借助于以知识为中心的教育内容，理性及其社会秩序规范有机地渗透到教育实践中的每一级组织、每一个细胞，其结果是园艺权力又和园艺文化知识联姻，使儿童被监视和规训的角色既合理又合法。这样，儿童天性所拥有的好奇、质疑、创造等素养和追求在看似完美无缺的园艺教育实践中彻底失去了正当性，儿童自然地就沿着园艺教育规划的理性之路成长了。

现代园艺教育的本质在于其强大的理性根基，其教育的社会功能是捍卫理性及其社会的合理性，培养顺从而虔诚的信徒。尤为吊诡的是，园艺教育在理性至上的社会实践中不仅实现了理性社会的再生产，而且还强化了园艺教育的合理性、封闭性，进而实现了园艺教育自身的再生产，确保了理性社会正统性和完美性的维护和巩固。对于其中的端倪，鲍曼认为："现代文明之所以能够提出人体神圣和自主的假设，这要归功于它自己所发展出的自我控制机制，并且总的来说又在个体教育的过程中将这种机制进行了再生产。"[①] 看似代表着人性解放的"人体神圣""自主"等现代教育中的标志性术语，实则是以理性所规划、设计的具体内涵等终极目标为规范来约束、控制鲜活的生命个体的，诸如以标榜人体神圣来彰显其提出、论证的源泉——理性的至尊，以占有、改造客体来张扬自主性和人的主体地位。这样，现代文明将个体教

---

① ［英国］齐格蒙·鲍曼著，杨渝东、史建华译：《现代性与大屠杀》，译林出版社，2002 年年，第 129 页。

育的社会化过程就蜕变为理性化操作，实现以理性化取代社会化，以理性驾驭人性的教育目的。所以，现代园艺教育从运行机制上控制了教育和社会发展的趋向，使理性教育成为现代园艺教育的主宰。

这种理性的终极追求又是通过营造园艺文化土壤来孕育、建构现代园艺教育的，折射了理性"造园"的本质和企图。现代性的发展就是一种从荒野文化向园艺文化转变的过程，这是因为，荒野文化强调"自然性"，其中的行动者是对自然伦理充分信任的猎场看守人，而非改造自然、构建新秩序的园丁。荒野文化内含一种自我平衡和自我维持机制的生活方式，是各种生活模式共生、共存的社会生态，"这一文化对其统治者来说，从未表现出一种对于'管理'的需要，从未表现出对于有目的的干预的需要，即使这种干预不过是为了使这一文化本身能够维持原状"①。因此，从本质上分析，"现代文化是一种园艺文化。它把自己定义为是对理想生活和人类生存环境完美安排的设计。它由对自然的怀疑而建立了自己的特性"②。这种特性就是对自然的毁灭，以理性为工具和武器，建造人类的花园。所以，"现代思想将人类习性看作一个花园，它的理想形态是通过精心构思、细致补充设计的计划来预定的，它还通过促进计划所设想的灌木、花丛的生长——并毒死或根

---

① ［英国］齐格蒙·鲍曼著，洪涛译：《立法者与阐释者——论现代性、后现代性与知识分子》，上海人民出版社，2000年，第111页。

② ［英国］齐格蒙·鲍曼著，杨渝东、史建华译：《现代性与大屠杀》，译林出版社，2002年年，第124页。

除其余不需要的及计划外的杂草来实行"①。也就是说，无论花丛、灌木还是杂草，都是理性设计的结果，并按理性的标准获得生存权或死亡令，理性掌握着自然、社会万物的鉴定、分类、排序的界定权。

基于理性的秩序建构使命和园艺文化土壤，现代园艺教育中的园丁获得了"造园"的权力，行使其监控职能。作为园丁，教师的权力是以教育内部的构成要素来体现的，在教育活动中，"知识是力量，理性是现实之法官，是裁定并力促应然（ought）高于是然（is）的权威这一概念之中"②。在这里，知识作为教育内容承载了理性的内涵和使命，通过知识的中介，园丁建构、维护既定秩序的抱负得以内化为教育的职责和目标。潜意识中，使学生心甘情愿地认识到，师生是不平等的，教师是理性的拥有者、最有价值的知识权威，而这正是理性秩序理念的本质所在："社会秩序是一些人为另一些人设定了的事物，而不是在'现象学'意义上平等的、相似的自由者之间相互作用而产生的不可预知的结果。"③也就是说，一些人是秩序的主人，掌握着秩序的话语权，秩序对其意味着自由、自主；一些人是秩序的奴隶，背负着秩序的枷锁，秩序对其来说是束缚、压抑。所以，问题的关键在于，园艺文化及其理性社会是如何确保秩序的封闭性、垄断性和正当性的。为

---

① ［英国］齐格蒙·鲍曼著，郁建兴等译：《生活在碎片之中——论后现代道德》，学林出版社，2002年，第227页。

② ［英国］齐格蒙·鲍曼著，杨渝东、史建华译：《现代性与矛盾性》，商务印书馆，2003年，第56页。

③ ［英国］齐格蒙·鲍曼著，杨光、蒋焕新译：《自由》，吉林人民出版社，2005年，第23页。

此，现代园艺教育就承载了理性社会再生产的使命，园丁作为监督者、设计者的角色就是正当的、合理的，而且是必需的。

因此，理性支配下的秩序社会是把教育当作工具来操作，把人当作材料来加工的，以维护园艺社会的正统性。"对'民众是否能够被启蒙'这一问题，所有的启蒙运动的代言人实际上都断然回答：'不！'但对'民众应否被教育？'他们则谨慎地答曰：'是'"①。这是因为，启蒙被理解为有条理、有理性能力的发展和建立在广博知识基础上的判断能力的提高，而普通民众是不能拥有这能力的，统治者需要被启蒙，民众则需要被"教育"成遵守规范、恪守纪律的对象。对于教育实践中人的非理性冲动和追求，现代园艺教育寻求理性与社会化来为自己辩护，"现代解放（运动）怀有使人社会化的理想目标，这个运动是由理性推进的、被清晰表达、合法签署的，因而又被命名为国家法律的规则所指导，这种规则将会替代个人的本能和情感，个人的本能和情感是不受约束、不受控制、没有被编纂因而'盲目'的力量"②。人的完整性被肢解、分类，那些被定性为"盲目"的人之本能和情感就成为被教育改造、压抑的对象，每个人最终都按园丁的标准、目标生长。所以，在园艺教育的架构中，教育者与被教育者由于理性的切割而呈现一种明显的不对称实践，学校和现代性进程中的监狱、医院、工厂、军营等所谓的文明机构一样，着眼于教育监督的经

---

① ［英国］齐格蒙·鲍曼著，洪涛译：《立法者与阐释者——论现代性、后现代性与知识分子》，上海人民出版社，2000 年，第 105 页。

② ［英国］齐格蒙·鲍曼著，张成岗译：《后现代伦理学》，江苏人民出版社，2003 年，第 100 页。

验性和专业性，为园艺文化提供合法的实验基地，为理性下的秩序社会培养虔诚的统治者和被统治者。

需要补充说明的是，我国自古至今的教育目的虽然受非理性因素影响较大，但这些非理性因素总是刻意以理性自居，从而表明自己的科学性，掌握了教育的规律，是真理，这也标志着西方理性观在整个世界话语中的权威。因此，在一定程度上，无论是古代以"四书五经"为中心的科举教育，还是当下的"应试教育"，我国教育实践中的"园艺性"特征更明显，这反映了人被定型、制造的残酷性。

第五章　应试教育的"合理性"及其时代挑战

终极者的认识在当今表现为应试教育，尤其是教育观念和实践的背离，更表明终极者教育理念的根深蒂固以及应试教育实践的淋漓尽致。应试教育所折射的不仅仅是"教育"内部的固有问题，而是整个社会对人、人性、人类的认识，其"合理性"和"顽固性"越强，表明社会文明的程度越低、社会进步的阻力越大。

一、应试教育的人之定性

应试教育有一套完整、封闭、系统的人之假设，即每个具体的学生都可化约为等级体系中抽象的某一类人，这些人是通过"塑造"的教育完成的，最终成为接受、适应环境的单向度人。

入学前，每个孩子的身心都是千差万别、生龙活虎的，而一旦进入学校，鲜活的生命立刻被分数和道德导向的应试教育拖入等级化的轨道中，每个学生都会从属于抽象的一类人，作为个体的生命不再具有评价的价值。分数代表着知识和能力，道德决定着人品和思想，当然，分数高低也会被赋予道德的内涵，而道德竟然也能用分数来衡量。丰富多彩的生命旅程就这样被简单化、机械化了。

　　实践中，作为抽象人的学生主要表现为以"三好学生"为代表的各种等级化的分类评价。从进入学校开始，天真烂漫、活泼可爱的儿童就被寄予成功的希望，而成功的标准就是首先要成为"三好学生"，获得相应的表彰和奖励。这些"三好学生"的内涵是学校、老师先于学生就制定好的，甚至多年不变，基本上以传统的"德、智、体"等全面发展为中心，但具体评比时，又唯分数是从，只要考试成绩高，其他就可以忽略不计，成为令人羡慕的"三好学生"。且不说"三好学生"评比的片面性，仅仅就分数将具体、鲜活的个体生命量化而言，就折射出应试教育的本质，即人的才智、思想等生命内涵是工具，既定的评价标准和体系是目的。为此，学生个人对自然、生活和社会的理解、认识必须服从于教材、教师，尤其是考试的标准，逐渐成为适应考试、满足考试、为了考试的"学习机器"，最终成为社会和教育目标中的"终极者"。抽象性的"三好学生"意识对青少年发展有着巨大的魔力和深远的影响，这是因为，处于人生观、世界观生成关键期的学生被先验地剥夺了生命自身所秉承的自我尝试、自主探究的动机和机会，被应试教育有目的、有意识地诱惑到终极者所设计的、封闭的世界中，彼此成为奴化的"某一类"，而不是鲜活、具体的"这一个"。每个人先天拥有的好奇、探究、创造等生命特质被抽象人压抑、窒息！

　　抽象的培养目标是以造就等级化的人来实现的，应试教育体制下自然需要等级化的学校、班级来完成"造人"的使命。为了高效率地培养不同层次的人，学校、班级、教师、学生等按分数来组合，而非根据人的多样性随机分配。学校分为重点和普通（非重点），重点学校的学生、老师甚至家长就自认为高人一等，有一种莫名的自豪感；同一所学校内，又分重点班和普通班；而同一班级内，老师又分重点生和普通生。无论如何划分，其标准都是严格的、抽象化的分数，将复杂、生成的个体化为能否考高分的对象而区别对待，而不是因为每个学生都承载着生命的唯一性、神圣性而平等地受到尊重。在现实实践中，虽然这些分类政策得到三令五申地禁止，但政策的暧昧性和文化的顽固性，导致所谓的素质教育政策名存实亡，应试教育大行其道，学校满意，家长自豪，学生庆幸、高兴之余，总感觉少了点什么，那就是真实、具体、创造的人自身。

应试教育的分类、分级造成了同学之间复杂的关系，使天真、纯洁、真挚的同学友谊因为抽象的人之定位而蒙上了功利性、等级性的标签。学校里，分数高的学生不仅能获得学校、老师赋予的各种"特权"、利益，而且受到老师的特别关照。即使是同学之间，也是人以类聚，形成不同的群体关系。成绩差的同学，饱受同学、老师轻视甚至歧视，一次次考试的失败，收获的是自卑和人性的压抑；成绩好的同学，虽然因"学习好"而被老师、学校重视，但相对于个体人与人之间相互理解、平等共生的同学友谊来说，不能不说是对纯真、善良、无私人际交往的伤害，这些所谓的优等生只不过是被当作学习的工具而被"尊重"罢了。所以，当儿童在学校里体验、获得的不是人与人之间的平等、理解、共生，怎么能期望他们将来走向社会时创建一个平等、自由、公正的共生社会？

更值得警惕的是，分数的高低不仅代表着智力水平，更是政治合格和道德高尚的标签，结果，异化的分数评价导致结果却适得其反：政治文明程度低，社会道德水平滑坡。现有的道德水准降低是不争的事实，但应试教育依旧自欺欺人地陶醉在传统的思想政治和道德教育中，以抽象的政治观、道德观掩盖富有生命活力的政治、道德生成。最突出地表现在中小学的道德教育和学生切身感受到的道德现实和道德需要之间的天壤之别，小学阶段，学生要佩戴红领巾，表示对革命先烈的尊重和敬仰，但对"红色"的革命解释和学生的基本认知严重背离，在儿童幼小的心灵中埋下了对虚假与诚实的困惑；此后要入少先队、共青团，各种政党性的选择等待，诱导青少年作出判断，因为这些组织和荣誉直接关系到他们的思想和道德评价，而思想和政治表现在应试教育中有着"一票否决"的评价功能，没人敢冒险，但以现在的社会发展和孩子（包括家长）的利益权衡，他们知道是非如何，同时又知晓是非选择的厉害，所以，投机与真诚又一次挑战着儿童的身心，让他们过早地看破红尘而世俗化、庸俗化。问题的症结在于，这些思想、政治、道德的答案是不容学生质疑、反思和创新的，标准早就固化在学校的文本、教师的头脑中，学生只要挖空心思地满足、适应、符合这些既定的规范即可。试想，无论思想、政治还是道德发展，都应该是充满着活力和魅力的，然而，只会适应、服从他人规范的学生怎么可能为思想创新、政治文明、道德提升作出自己的贡献？

另外，分数导向的应试教育还养成一些孩子撒谎、作弊的恶习，甚至影响家庭亲子关系，乃至儿童的自杀！由于外在分数高低决定了孩子的尊严、人际交往、工作、生活，那些不能适应这种应试评价的孩子从小就被逼出撒谎的本领，而且在无休止的应试中百炼成钢，技法娴熟，从而获得老师、家长的认可和赞赏，却失去了人之为人的基本品质——诚信。如果没有分数的极端评价，亲子关系是融洽的、幸福的，但是，在分数面前，一些家长和孩子因此关系紧张，甚至发生冲突，家庭变成分数的战场，父母成为老师和社会对付孩子的共谋，以致一些儿童不堪重负，选择跳楼、喝药、割腕等自残、自杀方式，用生命的悲剧来抗议这个不公、不义的应试制度！更不用说那些为了分数而殴打、体罚学生的家长、老师。因此，从这些有代表性的现象中反思，应试教育让那些不能满足分数至上的学生遭受了怎样的痛苦煎熬和生命抉择，他们本应得到教育的呵护、滋润，让生命更灿烂、更绚丽！

抽象的终极者不是自我生成的，而是被应试教育设计、雕塑的。在人生发展的黄金时期，儿童没有自我存在与发展的自治权。学生是家长、教师眼中的加工材料，在既定的应试教育生产线上，儿童作为人的价值和意义就在于能按教育者的意志，实现成为雷同、等级化的终极者。至于孩子天生萌发的自我选择和追求，家长和教师总是以"你们还小""这是为你好"等语言来教诲想质疑甚至反抗的学生。问题的焦点在于，家长和教师有什么资格和权利为儿童设计终极性的人生，而不是反思一下自己的命运。成人的使命并不是专为未成年人服务，每个年龄段的人生都有自己的追求和风景。

一般而言，这些塑造者的合理性在于他们自我标榜为成人的代表、社会的意志和历史的经验。在成人视野中，学生就是小孩子，是幼稚、无知甚至无能的代名词，儿童生活和社会不是真正的人生，仅仅是成人生活的过渡，人的内涵和权利属于成人的专利。因此，学生的存在和发展必须由成人社会来规划、设计和塑造。这种塑造儿童的权力由来已久，其衣钵可以追溯到漫长的封建社会，儿童不仅被塑造，而且被身份、地位等先验性因素决定。应试教育的本质即是传统教育制度在现代社会的翻版，其塑造儿童的追求自然顺理成章。然而，现代社会的儿童观已经发生了质的变革，例如，蒙台梭利等教育家认为，"儿童是成人之父""儿童是现代人的老师"，已经颠覆了塑造论教育的合理性，开启了儿童与成人共同铸就人的内涵和尊严的文明之旅。

塑造的教育必然养成单向度的人，即只会肯定、接受、顺从现实社会的盲从者。单向度人（one dimensional man）是法兰克福学派重要代表人物马尔库塞针对现代工业社会提出的一种人之定性概念。他认为，在积极、健康的社会中，作为个体的人存在两种"向度"：一是积极肯定现实社会并与其保持一致的"向度"，一是质疑、批判、否定和超越既定现实社会的"向度"。在现代社会，本来是人所发明、创造的科学技术，却反过来统治人自身，身人面临着被动、机械和僵化的生存与精神危机，失去人所特有的自主、自由、创造等属于人的禀赋，成为"单向度的人"。单向度人是单向度社会发展的必然后果，在工业社会中，"科学—技术的合理性和操纵一起被熔接成一种新型的社会控制形式"[①]，人的自主、尊严、意义被量化的、技术的程序、规范代替，技术从方法、方式上升到一种价值和思想，异化为人和社会的主宰，人成为技术轨道上被类型化、等级化的一个"零件"，而非自由、超越和创新的精灵！

---

① ［美国］马尔库塞：《单向度的人——发达工业社会意识形态研究》，刘继译，上海译文出版社，2008 年版，第 6 页。

应试教育恰恰扮演了将鲜活的生命塑造为"单向度"人的角色。教育实践中，先天好奇、自由、探究的学生逐渐被驯化为精致的应答者，经过多年的应试教育训练，学生的聪明发挥到对试题的应答之中。应试教育的一大特色是试题化，即无论什么样的知识、思想，教学的目标是将学习内容化为各种形式的试题，以满足考试的需要。而试题自身具有问题的既定性、过程的封闭性和答案的标准性等特点，学生的问题意识、想象空间、创造追求在试题面前都被扭曲、变形，通过训练，他们获得的是揣摩既定问题意图的技巧，迎合标准答案的模式，以期在所谓的恶性竞争中胜出，成为货真价实的"单向度"的接班人，至于知识的价值和意义、公民的素养和使命，都被浸润的应试教育窒息。

值得深思的是，"单向度"人的提出是基于现代科技和工业化社会对人的异化而为人所认可的，而我们的应试教育所处的环境却远远不止科技现代化和工业化，更何况我们的科技发展和工业化水平还不够成熟。那么问题的焦点何在？问题的焦点在于我们的观念和目的。我们不是不知道应试教育的危害，但我们却上下齐心，执着于应试教育的表演。

二、应试教育的"合理性"

在当下，没有哪种教育现象像应试教育一样牵动着国人的神经，上到教育政策的制定者，下到最基层的普通民众，人人都知道应试教育误国误民，然而，每次教育改革的思想和措施最终都被应试教育"同化"。结果，这些改革不但不能使应试教育伤筋动骨，反而让应试教育经历了千锤百炼，提高了其免疫力，焕发了其活力，使得改革的理念和举措臣服于应试教育。人们甚至还形成了一种认识，虽然应试教育存在问题，但有其存在的"合理性"。

应试教育的合理性在于其维护既定社会秩序的工具价值，人的存在和发展是被利用的对象，而非教育所呵护、尊重的神圣生命。自古至今，尊师重教一直是我们的优良传统，其意图是为了培养社会所认可的各种"人才"，而不是人自身的发展。在西方，无论是苏格拉底的"产婆术"，还是卢梭的"自然教育论"，以及杜威的民主主义教育，教育的目的在于对人和社会发展的创造性价值，即教育是推进人性升华、社会文明的重要力量，有着其他机构和组织不可替代的功能。但从历史的角度反思，我们的教育从来不是以人自身的发展为己任的，而是遵从既定的社会意志，为社会遴选人才。因此，应试教育的合理性秉承了历史上"学而优则仕"的传统，满足了封闭社会中人们出人头地的狭隘心理需求。

这种合理性的误解还在于社会自身的封闭、保守，缺乏内在的变革因素和激活机制，只好委屈于应试教育的相对公平。在信息多元、开放的当代社会，人们不是不知道什么样的教育才是为人服务的，但他们的视角不是反思、追问社会的问题和变革，而是潜意识里首先假定社会是不变的，或者认为即使变革，也是漫长、艰难的，而且改变的责任不在于普通的公民，而是寄希望于精英的觉醒和使命。然后再将应试教育和社会的其他活动相比较，最终得出应试教育之于现实合理性的结论，而这正符合应试教育及其背后的社会导向。强大的应试教育惯性让人们逐渐麻木，以适应、顺从既定的价值规范、实践模式，泯灭人性中渴望平等、自由、创造的欲望和冲动。

　　应试教育的合理性具体表现为对儿童未来的设计和塑造上。无论家长还是教师，习惯于预测、规划孩子的未来，过早地为孩子定型、定性，而不是让儿童展现生命的多姿多彩。成人的设计和规划充其量囿于过去的世界观和人生观，所以，鲜活的生命个体成长在本质上是成人及其社会的复制品，甚至是成人世界的再生产。这种教育体制下所培养的个体只能是接受、服从、复制的品行，他们一旦成人后，又重复自己童年被设计的生命轮回。结果，因袭科举制度的传统，我们的教育所培养出的所谓人才，充满着保守、封闭、自大的习性，遵循成熟、圆滑、精明的处世法则，一个孩子成功的标准是知书达理、兼济天下，以传统的礼仪、伦理规范自我、家庭和社会。当芸芸众生为应试教育所压抑又执着于应试教育时，殊不知这正是统治者处心积虑所构建的终极性社会的旨归所在。

　　漫长的封建社会虽然在形式上完成了它的历史使命，但其社会结构和价值导向却坚如磐石，渗透在社会的方方面面，尤其在应试教育中表现得淋漓尽致，封闭、僵化的教育与开放、鲜活的世界形成巨大的反差。诸如学校里的重点班、重点学生现象，高考时的全民关注（一切为高考服务的种种举措：为考场而封路，高考期间夜间禁止施工等），高考后的"状元"情结等，甚至远远超过历史上对科举的重视。如此重视应试教育的目的，表明在现代社会中，个人的命运依旧决定于单一的考试，进而反衬出社会的等级固化和壁垒森严。不过，值得现代人吊诡的是，历史上，科举制度越封闭、越完善，其所处朝代灭亡的速度越加快，不知是世人不醒，还是当政者甘愿如此？

　　反观现实，弊端百出、危害深重、人人诟病的应试教育为什么有如此顽强的生命力？为什么每次都成为教育甚至整个社会改革的对象，却都能借尸还魂，"引领"教育改革的方向？其根本不在教育，而在于支撑教育的社会土壤，即应试教育制度的存在及其培养的人在一定程度上恰恰是一些利益集团精心设计的结果，以满足特定社会发展的需要和再生产。

因此，应试教育的顽固、封闭、僵化不是教育系统自身的问题，而是制约甚至控制教育发展的社会土壤和机制问题。这种"皇帝新装"式的改革闹剧就反映在人民对应试教育相关政策的日常解读中，即"上面的'经'是好的，但都被下面的'和尚'念歪了"。其暴露的本质问题主要表现在，"经"的内涵和目的是维护既定的利益和秩序，还是促进人的解放？何以只能自上而下"传经"而不是公民的共识？"和尚"何以能周而复始地玩猫捉老鼠的游戏来亵渎"经"的尊严？这些问题的严重性和历史性足以让应试教育大行其道，因为应试教育自身只是终极性社会的一个自然表现，每个人仅仅是终极性社会预先设计的一枚棋子，没有自己作为人的独立性和尊严的存在价值和意义。这正是应试教育存在合理性的"秘密"所在。

三、应试教育面临的时代挑战

应试教育虽然既有漫长的历史做铺垫，又有现实的功利选择来支撑，但正是历史和现实的反思，让应试教育面临着前所未有的质疑和挑战。

在观念上，随着信息社会的到来，人们逐渐认识到，历史和国情都是流动的，而非固定在每个终点上，尤其是历史应该成为推动现实发展的车轮，而不是障碍。以应试教育的渊源——科举制度为例，现在已经形成共识。首先，科举制度不是教育系统的一环，而是选拔官员的制度，强行以官员甄选制度绑架现代教育，既是对教育的亵渎，也是对现代政府运行体系的刻意回避。其次，科举制度扎根于封建社会，是为传统社会服务的，而我们身处二十一世纪，整个人类已经迈过了封建社会的门槛，走向文明社会，而陈腐的应试教育显然在拖曳人类前行的步伐。这不仅不能促进社会的反思和进步，相反，在一定程度上还强化、复制、再生产一些封建顽疾。

具体到国情，善良的人们总是以人口多、教育复杂来为应试教育垄断寻找借口。其实不然，国情是一个动态概念，且不说我们早已进入社会主义社会，即使10年前、1年前的社会也与今天不同，今天是昨天和明天的桥梁，但其方向和目标一定是走向明天的，因此，国情是必须基于当下，汲取历史，开创未来的，而无视国情现状和发展的应试教育则是传统制度和价值顽固的苦果，是人们无奈被动接受的残酷现实，当然，也是应试教育"成功实践"的硕果。而人口从古到今都被认为是社会发展的天然财富，何以在我们的国情下被当作"包袱"，成为一些现代文明法规难以实施的借口？事实上，这正反映了传统社会和应试教育反人类、压抑人自我提升的本质。之所以从应试教育轨道走出的人不能具备好奇、质疑、创新的素养和自主、平等、公正的规范，其根源恰恰在于应试教育没有尊重人性、反思历史，而是以传统的制度和规范束缚、窒息人性的升华，阻碍教育和社会的文明脚步。因此，人口多、负担重恰恰是应试教育及其社会的结果，却被实践者当作应试教育的"因"，本末倒置的"合理性"迷惑了大众，满足了传统社会的利益既得者的目标。

对于人口与教育的关系，还需要再强调一点，即认识人的目的是什么，从什么视角认识人。习惯上，我们认为人是被开发、利用的，即所谓的人才论。这种认识的假设是在人之前已经存在一个让人为其服务的目标，人接受教育的目的是为这个特定目标服务的。显然，在这里，人是第二位的，是工具价值的存在。另外，我们认识人总是以群体为对象来界定人的，而非独立、自由、平等的个体存在，然而，常识告诉我们，无论人口多少，每个人首先都是以独立的个体存在和发展的，只有尊重个体的价值和意义，才能实现人的解放。而人才论则正好相反，是以不同类型和等级的"人才"来定型鲜活、独立、自由、平等的人，而教育就扮演了这种筛选和分类的角色。因此，人口多才会成为应试教育合理性的"借口"。而教育的作用本应是启发、唤醒、呵护、激励、升华人性，让健全的人去构建美好的社会，应试教育则走向人之发展的反面，以既定的社会和规范压抑人的自我解放，人在应试教育及其社会系统下自然成为负担，而不是动力和源泉，教育和社会也因此失去活力。

实践层面上，应试教育突出地表现为"读书无用论"。首先，学习、升学无望的儿童，过早地走出学校，迈向社会，因为应试教育以甄选不同等级的"人才"为圭臬，而非促进每个生命的发展，必然有一些学生以失败收场，与其饱受歧视、失望之苦，还不如功利性地走向社会，自谋生路。其次，学习成绩好的学生虽然能考上不同级别的大学，但其成功与否却要由社会来检验，"高分低能"就是这种差异的写照，历年应试教育的"状元"却鲜有事业上的状元则进一步折射了"读书无用"。最后，人首先是以人格独立、思想进步为追求的，但多年的应试教育早已把我们的学生驯化成保守、功利、精致的利己主义者、奴才，丝毫不见人性先验的好奇兴趣、质疑品性和创造动力！

而道德的沦丧更是应试教育实践失败的恶果。无论人还是教育，首先是一种道德的存在，这是"人"这一物种和"教育"这一职业的独特品格。然而，在应试教育的实践中，分数成了终极目标，为此可以不择手段，人的品行也不例外，化为工具性的存在，以分数高低论成败。不仅道德教育强调灌输、训练，背离德育的本真，而且为了分数，从学生到教师不惜弄虚作假的现象严重存在，玷污了所谓的高考神圣性。

最终，以高考为象征的应试教育在人们心目中的地位和信度降低，但凡有条件、能力和机遇的，就选择其他途径学习、深造，诸如进入民办的国际化学校或者参加国外教育的选拔、学习。大部分国民则依旧心有不甘地在应试教育的游戏中煎熬。

第六章　普通人教育的基本诉求

如果说以"应试"为核心的终极者教育追求的是"园艺教育观"，认为教育是按既定模型来"制造"人的，以期控制鲜活的个体生命，从而实现其理性秩序设计下的等级社会，那么，普通人教育则倡导与之相反的理念，即教育促进人的生成是以生命自我实践方式展开的，追求生命的自由意志，以构建平等、正义的公正社会为目标。在这里，实践、自由和公正理念是内在地统一于普通人人性自身的，其中，自我实践是人存在和发展的基本方式，自由则是个体生命意志的本质体现，公正则是人作为社会性存在的共生规范。

一、普通人教育追求自我生成的实践理念

理解普通人教育的理念首先从其实践性开始，这是因为，唯有站在实践的高度，普通人教育才能突破"园艺教育观"的束缚，不断生成人自身。认识普通人教育的实践理念，必须重新审视"实践"的内涵，进而分析普通人人性所内含的实践指向，最后阐述普通人教育的实践性体现。

　　传统教育论在谈到实践时，认为教育是改造人的实践，受教育者自身不具有实践的素养和要求，学生是教育实践改造的对象，"这种实践观仅仅将外部的、客观世界的改造视作实践活动（即使在这一层面上的概括也是不全面的），排除了人自身的、主观世界的改造这样一种重要的活动"①。这是终极教育目的观下的实践内涵，即实践是指向外部世界的，学生自身还不具备实践的素养，所以教育就是改造人的实践，而非学生自我实践。《现代汉语词典》对"实践"的解释就反映了这种理解："①实行（自己的主张）；履行（自己的诺言）。②人们改造自然和改造社会的有意识的活动：实践出真知。"②从中不难看出，构成实践活动的要素必须包括主体和主体要改造的对象，其潜在的含义是，实践过程中的主体是成型的终极者，自身不再发展，其存在的价值和意义就在于通过改造自然和世界证明主体的完善，否则，就难以承担改造自然和世界的重任，就不是主体。而且对实践的这一认识又和对其另一种误解有关，即实践是和理论相对的，理论关注主体的知识、价值和意义是提升主体素养的重要途径；而实践只不过是理论的应用与检验，主体自身即使再有问题，还是要反馈到理论层面，通过理论学习来提高主体的水准。

　　显然，对实践的这种理解是基于主体与客体对立、理论与实践分离的二元论认识的结果，否认人自身存在与发展的复杂性、生

---

　　① 鲁洁，教育：人之自我建构的实践活动，《教育研究》，1998 年第 9 期，第 13 页。

　　② 中国社会科学院语言研究所词典编辑室编：《现代汉语词典》，商务印书馆，1996 年第 3 版，第 1145 页。

成性、整体性等实践特征，无视人才是体现和承载主体与客体、理论与实践的有机生命体这一客观存在，是现代理性有意设计的结果。因此，认识实践的内涵，必须站在人的生命视角来分析实践所设计的主体与客体、理论与实践的关系，从而揭示实践的本义。

　　无论是主体还是客体、理论还是实践，都是人之生命存在与追求的反映，是同一于人自身的，脱离了人自身，对实践的任何理解都是片面的、非人的认识。从词源上分析，"在古希腊，'实践'（praxis）一词指的是一种独特的生活方式（the bios praktikos），它致力于对人类之善的追求"①。这种实践是不断反省的、否定的、重建的理性追寻，是人的智慧、思想、道德的体验。与实践相对的不是理论而是技艺活动，即以生产出某些产品为目的的活动，它为既定的技术性知识所控制，其目的是外在于人而存在的产品。所以，实践的目的不是外在于人的产品，而是追求道德上有价值的"善"，"善"是不能被"制造"的，只能在"做"的行动中去追求。传统上与实践相对的理论也是一种属于人的存在与发展的生活方式，"'理论'（theorie）一词希腊文中最初的意义是作为一个代表团或团体的一员参与某种崇奉神明的祭祀庆祝活动"②。由此分析，理论不是独立于人的生活实践之外的普遍认识，也不是具体现象之上的抽象思辨，而是一种心怀虔敬和沉思，主动参与神圣活动的一种生活方式，这种"理论推理"或"沉思"的能力，是延缓行动以提升主体生存与发展水平的能力，它是人类不断适应生活、创造生活的一种理性追求，所以，理论不是"空中楼阁"

---

① 唐莹著，《元教育学》，人民教育出版社，2002年，第331页。

② 张能力著，《理解的实践》，人民出版社，2002年，第64页。

式的"纯粹科学",而是深深扎根于社会实践需要中的。因此,站在人之生命存在与发展的层面分析,理论与实践是同一的,统一于主体与客体共在、共融的共生理念中。

作为人之生命存在与发展的生活方式,实践是人的本质力量所在,是人类区别于其他动物的根本性特征。具体而言,实践的内涵主要包括:具有主体性的人是实践的主宰者,人的主动性、能动性和创造性在实践中得到充分尊重和张扬;不断地生成、超越和改造是实践的目的,这种目的不仅指向相对于人的自然、世界等外部对象,也指向不断生成中的人自身,没有人自身的不断改造,针对外部世界的实践就无从发生;实践中的主体与其对象之间的关系是互动的、开放的和不确定的,正因为如此,实践才彰显出生命的活力。在此,需要特别指出的是,传统实践观也强调人在实践活动中的发展,但仅仅把人由实践中所获得的改造作为改造自然和社会的附属品,这是间接的发展,不是实践的目的;而新的实践观把人自身的改造也作为重要的实践活动来认识,这既是人改造客观世界的需要,也是人之为人的主观世界的内在诉求,"为此,他必须把自己作为客体,通过相应的实践来改变这一客体的'此在',使他由自在存在转变为自为存在"①。所以,以人为目的的实践是自我生成性实践,教育就是典型的人之自我实践的活动。

既然实践是人之存在与发展的表现形式,那么,这种实践就内在于人的属性和规范中,也就是说,人性自身就蕴含着人类的自

---

① 鲁洁,教育:人之自我建构的实践活动,《教育研究》,1998 年第 9 期,第 14 页。

我生成性、实践性诉求，而普通人的有限性、生成性和共生性等人性观则具体承载了实践的丰富内涵。

普通人的有限性表明，人内含着自我生成和自我改造的需要与追求，是人类实践的动力和源泉。人类的有限性既是人与其他动物的区别性特征之一，也代表着人类存在自我实践的可能性和必然性，不然，人的有限性就会成为人类的不足和缺陷，而不是人之为人的标志。那种"完人"的终极者人性观——理性的无限性，则将人推到静止的、终结的境地，人失去了进一步发展的可能，显然背离了人的生命本质，因为人的生命是不屈地向前，是通过实践来自我生成和改造的，所以，终极者的人性观否认人自我实践的存在，将人终级化，是非人的象征。人的有限性说明人始终处于未完成的状态中，不仅存在发展的空间，而且内含生成自我、改造自我的动力和源泉。这种实践的动力和源泉是以人的未成熟为前提的，"我们说未成熟状态就是有生成的可能。这句话的意思，并不是指现在没有能力，到了后来才会有；我们表示现在就有一种确实存在的势力——即发展的能力"①，即人的有限性自身就包含要突破自我、超越自我的能力，而这种实践能力又源于人的内在需要，因为人既以客体存在的方式生存，又以主体的追求发展，当作为主体的人不能满足自身的需要时，必然会对客体的人提出要求，克服现有的有限性，不断通过自我认识、自我生成和自我改造来满足主体人的需要，从而推动人不断发展。所以，人的有限性就内含着自我实践的诉求，以期不断地自我提升。

---

① ［美国］约翰·杜威著，王承绪译：《民主主义与教育》，人民教育出版社，2001 年第 2 版，第 49 页。

普通人的生成性意味着人自身拥有实践的主体要素和实践目标，每个人都是自我生成、发展的主人，体现为人的自治、超越和不确定等实践内涵。人的生成性表明，人不是被定型、制造的，它预示着个体必须通过实践来不断充实、丰富自己，可以说，实践是人之生命流动、升华的源泉。在人的生成性过程中，个体拥有自治的意识、能力和追求，体现了实践的主体性内涵，即人是自主、自由的和对自我负责的。自治是人之主体意识觉醒和主体能力提升的标志，它首先是基于人之本能层次上的自我冲动、欲望，其次是建构于人之社会层面上的价值、理念上的理性自觉、自为。当人不能自主时，他就容易成为他者支配的对象、利用的工具，失去了实践主体的存在意义，也就拉开了主体危机的序幕。之所以强调自治对于人之主体价值的重要性，是因为自主体现了人之自我存在、发展的自组织机理，人是生命的存在，存在是生命在开放系统中能动地、自主地、创造性地不断生成和发展的，个体的生命是不能被替代和代表的，因为发展的主宰者是主体自我。只有自己提出活动目的，才能表征建构者对自我与活动对象的深刻认识，主体才能主动地参与到活动中去，将个体的生活方式、生命意志与其对象性活动融为一体，进而摆脱非人的束缚。自治性的生命个体追求反思、批判、创新的主体实践理念和人格，在多元的、创新的对象性活动中不断超越自我，丰富主体的内涵，这是由人与世界的关系确定的，"人与现实世界的对象性关系，本质上是一种否定的、批判的和超越的关系"[①]。在这种对象性活动中，个体所超越的不仅包括人的自然规定性，更包括个体生活中

---

① 旷三平：知性思维的合理性问题，《现代哲学》，2003年第3期，第20页。

不断积累的、陈旧的、不符合生命发展要求的任何规定性，因而，超越在一定意义上是一种人内在的实践革命。而生成性中的不确定性更是将人之实践的主动权牢牢地掌握在自己手里，不确定性不是指生命的发展没有目的和方向，而是强调人应成为自己存在和发展的主人，是对人之自我实践的挑战和呼唤。

普通人的共在、共融和非同质性等人性为人之自我实践提供了开放、多元、共生的前提性条件，保证了实践沿着人之为人的方向前行。我们知道，实践是主体的人面向他者——人、自然和社会——不断开放的过程，实践的目的不是简单地主体控制客体、客体臣服于主体的单向追求，实践必须是互动、共生的，唯有以共在、共融的规范去认识世界、自我，人才能达到自我生成、改造的实践目标。因此，"无论是谁，只要他是他人的主人，他就是不自由的，而且，甚至统治就是服从"①。所以，普通人的人性实践内涵是建立在平等、差异的共生基础上的，只有尊重他人主体的权利，共在、共融才能成为可能，共生才会发挥出实践的价值和意义。同时，共在和共融是以非同质性为前提的，即使是最理想、最完善的实践目标和方式，也没有任何资格和权利将其专断地强加于他人，不然，人性就失去了实践的主体性内涵，最终导致终极者人性定位，即人不是有限、生成、共生的，人是被设计、制造的"完美产品"，人的生命就不是实践意义上的生成和创造，而是技术操作层面上的定型和终结。因此，普通人的共生人性观揭示了人之实践生命的本然，即每个人都是实践的主人，唯有每个

---

① ［美国］赫尔德著，燕继荣等译：《民主的模式》，中央编译出版社，1998年，第74页。

人的自由、解放，实践才是属于人的本质活动。

从人性的实践理念出发，普通人教育倡导教育过程中的自我生成实性践追求，即教育所要培养的普通人是通过实践性活动来实现的；而且，这种实践是以人的自我生成和自我改造为旨归的。普通人教育的实践性追求主要表现为尊重成人活动的复杂性，张扬学生的主体性参与和创造，构建满足学生自我实践的学习场景等。

普通人教育的自我生成性实践追求首先体现为对教育活动自身的认识，作为成人的实践活动，教育是复杂的社会实践，这种复杂性既是对教育实践的挑战，又是教育实践的动力所在。教育实践的复杂性是由它所培养的对象及其目标决定的，首先，人自身是一个复杂的生命体，时至今日，无论是对人的肉体还是人的精神，我们对人的了解与人的真相还有很长的距离，甚至说是未知的距离，这就要求我们在开展教育活动时秉承一种最低限度的学生观：敬畏生命，因为学生和我们一样，每个人都是独特的生命体，承载着人的尊严和个体的价值，作为教育，我们没有任何资格和理由来对学生进行自以为是的设计，然后据此"制造"；相反，学生生命的复杂性更应激发我们对学生、教学和管理的理解、认知，进而和学生共同生成、创新。其次，作为教育目的，普通人是复杂的，普通人是一种应然人格，在从自然人向社会人迈进的过程中，人内含生成普通人的可能，但若没有实践性的教育引领，这种可能性就会降低，甚至人会因非实践性的"教育"而将人引向死寂，因为终极者教育就是反对学生自我生成实践的，它将成人的活动当作"园艺"来操作，否认人的复杂性，使教育成为以方法选择、标准达标为中心的技艺性活动。所以，从一定意义上来说，人性的有限性、生成性和共生性等实践诉求，需要通过教育实践来实现，"因为人的生命的未特殊化，生命不能适应后天生活的需要，教育因此而发生"①。所以，正是教育实践的复杂性，才推动教育不断变革、创新，以满足普通人存在与发展的需要。

张扬学生的主体参与和创造是普通人教育实践性的具体体现，而且是以学生主体的自我实践来展开的。实践是主体生成和改造的活动，在普通人教育过程中，人的自治性包含了实践所需要的主体素养，如学生的自主、自由和自律等，无论是教育的目的确立还是课程内容的选择等，以及教育活动中的各种要素，无不体现了学生作为实践主体参与和创造的追求，不然，压抑、否认学生主体的活动就有沦为终极者教育的危险，因为终极者教育中的学生是没有主体地位可言的，鲜活的学生都沿着统一、既定的目标制造，人是被改造的对象，只是教育者在实践，学生自身没有自我实践的权利和地位。突出学生在普通人教育实践中的参与性和创造性，就必须尊重每个学生作为主体的个别差异性，主体不是抽象的偶像，而是浸透于每个学生的具体生命中，学生与学生之间的差异体现在生命的存在与发展价值上是平等的、共生的，因而，张扬学生的主体性是指向每个学生个体的，人的主体性内涵因此显得丰富多彩，充满生命的活力。作为主体的人，学生是不断生成的，其主体内涵因而是在反思、质疑、批判和创造的教育实践过程中不断超越过去，走向未来的。而且作为主体的人，学生的发展始终是未完成和不确定的，这就进一步对主体的生成提出更高的要求，将生命的实践性生成机制推向深入，使普通人教育的实践性追求成为一种成人的常态。另外，在生成、改

---

① 冯建军著：《生命与教育》，教育科学出版社，2004年，第365页。

造普通人主体的教育实践过程中，必须坚持共在、共融而非同质的共生实践理念，如果教育以所谓的权威或习俗引导学生走向同质化主体，那既背离了主体的宗旨，也脱离了普通人的内涵，所以，唯有非同质，每个学生的主体地位和价值才能得到尊重和张扬，普通人教育的实践性才能落到实处。

尊重普通人教育的复杂性，张扬学生的主体参与和创造，就必须通过构建满足学生自我实践的生成性学习场景来实现。从教育的本质上讲，"教育是对人的'自我实现'的帮助，教育者的作用具有一种助产性的，即助产的功能，而不是一种制造的功能"[①]。也就是苏格拉底的"产婆术"教育原理，只不过苏格拉底是基于唯心的人之先天理念而提出的，普通人教育则是从人的自我生成性实践诉求和教育的自我实践认识来规范的。强调学生在普通人教育过程中的自我实践并不是否认教育自身应有的成人功能和价值，我们知道，学生的自我实践是在具体场景中发生的，没有开放、多元、流动的生活和社会背景，实践就是作茧自缚，完全陷入自我中心主义的泥潭，最终导致反实践的恶果。普通人教育倡导人的共在、共融和非同质的共生理念，这就是每个学生自我实践的土壤，只有在共生的学习场景下，学生才能不断生成、超越和改造，践行教育实践的目的。构建以学生自我生成实践为中心的学习场景，教育者应尊重、了解学生学习的特点和追求，从学生作为主体人的基本素养出发，强化教育内容与教学方法中的自主、自由成分，充分调动学生自我实践的积极性和创造性，开展

---

① ［奥地利］茨达齐尔著，李其龙译：《教育人类学原理》，上海教育出版社，2001年，第55页。

师生平等、对话、互动的教学活动，为学生的自我实践提供基本
的保证，体现普通人教育的自我实践特征。

二、普通人教育追求生命的自由理念

在我国，一提到"自由"，人们往往想到一些经验性的曲解，
认为自由是任意的、为所欲为的，将个人利益放在首位，置社会
责任和历史使命于不顾，因此，对人的自由必须加以限制甚至禁
止。事实上，这不仅是对自由的误解，更是对人性尊严的亵渎。
然而，自由的内涵确实是容易让人产生不同的理解的，这从"自
由"一词的历史演变就可见一斑。在古希腊，亚里士多德所理解
的"自由"不同于现代意义上"不受干涉"的日常认识，他认为，
"自由"是属于自由公民的生活状态，是不"卑贱"、不"卑陋"
的体现，而"任何职业，工技或学课，凡可影响一个自由人的身
体、灵魂或心理，使之降格而不复适合于善德的操修者，都属
'卑陋'"[①]。显然，在这里，只有作为公民的"自由人"才拥有自
由，而奴隶则是没有自由的权利，这是一种政治学意义上自由观，
"自由"意味着等级的特权，和现代人人享有自由的思想是大相径
庭的。到了文艺复兴时期，人文主义的自由观强调人的身心全面、
充分地发展，这是在人的自然属性层面上来认识自由的，以张扬
自然人的神圣和伟大。近代科技革命以后，人们开始认识到自由

---

① ［古希腊］亚里士多德著，吴寿彭译：《政治学》，商务印书馆，1965 年，
第 408 页。

就是摆脱神和自然的束缚，通过理性来实现人类的自由，自由是建立在理性基础上的，是人类理性本质的内在要求和外在实现，正如恩格斯所言："自由不在于幻想中摆脱自然规律而独立，而在于认识这些规律，从而能够有计划地使自然规律为一定的目的服务。"[①] 只有理性的拥有者，才拥有自由。到了现代社会，人们发现，理性虽然把人从神和自然的束缚中解放出来，理性自身却又成为新的权威，理性主义阻碍人的自由发展。因此，在当代，对"自由"的理解必须摆脱历史上的这些以"自由"的名义反而束缚人自由的认识。

认识自由必须从人自身而不是人以外的目的来理解。在人的现实性上，自由既是人的原初状态，又是人性的最高境界，只有人是自在地、自为地确立目的，实现目标，主体才会从自由王国走向必然王国、目的王国，没有自由的主体，其必然王国、目的王国是畸形的、压抑人发展的，自然也就阻碍社会文明和进步。自由突出地表现在主体的自主选择权利，避免强迫和干涉，主体和非主体的区别不在于掌握知识、技术量的多少，"而在于能选择，人在选择而不是被选择时才最成为自己"[②]。这是因为，人的各种能力如判断、推理、创新以及人的情感、思想、道德等只有在选择中才能得到体验、运用，进而，将人的对象性活动和人之主体融为一体。选择不仅包括手段、方法，更包括目的、意义，其追求的目的、方式越多样，人的生活才越丰富，个体之间、专业分工之间相互交叉、融和的可能性就越大，共生的领域就越宽广，创

---

① 《马克思恩格斯选集（第三卷）》，人民出版社，1972 年，第 153 页。

② ［英国］伯林著，胡传胜译：《自由论》，译林出版社，2003 年，第 252 页。

造性的建构就会由此孕育、生长。要想实现自由必须摆脱妨碍主体的两种障碍，外在的障碍是将人工具化的习俗、权威，内在的障碍是将人动物化的本能性欲望、冲动，唯有如此，自由才能解放人，否则，自由就会被滥用，成为人之生命存在和发展的枷锁。同时，自由不是无限度地唯我中心论，或者说绝对自由，这是因为，自由既和人的有限性相关，又和人的共生性社会有关，所以，"在任何时候存在的自由系统总是在那个时候存在的限制或控制系统。如果不把某一个人能做什么同其他的人们能做什么和不能做什么关联起来，这个人就不能做任何事情"①。因而，也就没有什么自由可谈。

从人性与自由的角度分析，自由既是人类的本性，也是每个人的权利，更是人类社会所追求的基本价值。自由是人的本性，是人作为类的独特性所在，"一个种的全部特性、种的类特性就在于生命活动的性质，而人类特性恰恰就是自由自觉的活动"②。人类的这种自由特性使人把自己的生活活动本身变成自己的意志和意识的对象，自己是个体生活的主宰。因此，自由是属于人的，是人之生命的价值核心，"不自由，毋宁死"，就表明自由对个体生命的重要性，它决定着个体生命的存在尊严和意义，对此，卢梭论述道："一个人抛弃了自由，便贬低了自己的存在，抛弃了生命，便完全消灭了自己的存在。因为任何物质财富都不能抵偿这两种东西，所以，无论以任何代价抛弃生命和自由，都是既违反自然

---

① ［美国］约翰·杜威著，傅统先、邱春译：《人的问题》，上海人民出版社，1965 年，第 90 页。

② 《马克思恩格斯全集（第 42 卷）》，人民出版社，1979 年，第 96 页。

同时也违反理性的。"[①] 也就是说，生命和自由是一个问题的两个方面，彼此同一于人的身心存在与发展过程中的。既然自由是人类的特性，那么它就是属于每个生命个体，即自由是每个人作为生命存在与发展的基本权利，这是由人这一物种的类特性决定的。从"自由"一词的历史演变也可以看出，过去的自由观不是建立在人之生命存在与发展的目的论基础上的，而是将"自由"功能化，否认自由与生命的同一性本质，例如古希腊把"自由"作为衡量等级的标准，近现代将理性视为自由的根基，以期占有自然、世界和他人等。所以，作为人人都应享有的基本权利，自由自然就成为社会发展所追求的基本价值观念，以维护人的尊严和意义，凸显人类社会的文明和神圣。

因此，站在人类生命的高度，自由是一种美，张扬着生命的多姿多彩；自由是一种力量，让生命永远焕发生机和活力；自由是一种信仰，对生命始终充满敬畏和神圣感。

普通人人性论认为，人的存在和发展是有限度的，这一界定既揭示了自由的必然性，又承认自由限度的客观性。普通人的有限性意味着人永远不会达到一种完美、至善的"完人"境界，因为人一旦成为终极性的"完人"，也就表明人类走完了他的生命历程，人就进入一种终结状态，如此，无论是个体还是整个人类，都不再存在发展的时空。然而，人虽然永远不能到达终极性的彼岸，但却始终满怀终极性的情结，一直在生命的旅途中追寻，这就为人的自由创造了生命的空间，所以，普通人的有限性是自由

---

① ［法国］卢梭著，李常山译：《论人类不平等的起源和基础》，商务印书馆，1994年，第137页。

的前提，也是自由的必然，没有有限性的生命，自由就没有存在的价值和意义，正是自由，人才能不断地向着未完成的生命征程迈进。人的有限性还规定着自由的限度，每个人都不是万能的，有限不是人类的缺点，而是人类的特性。因而，自由也是有限度的，但这种限度并不是为了束缚、阻碍人的存在和发展，相反，尊重自由的限度是确保享受最大自由的基础。从人的有限性出发，自由的限度取决于个体和人类自身的能力和承担的相应责任，把自由约束在自我（包括个体和整个人类）能力与职责和生命未完成的追求范围内，只有这样，才能"既避免个人没有对生活的价值追求的愿望和想象力，缺乏个人追求自由、实现自由的技术，又避免放任的我行我素，既减少任何外在的强制和干预，又实现责任的自治和合作的共存"①，如此，自由对生命的价值和意义才能体现出来。同时，需要特别指出的是，普通人的有限性强调人与人之间的差异和平等，因而，自由是每个人的基本权利，而非因差异导致的特权，人人享有自由权是现代社会追求自由的必然选择。

普通人的生成性体现了自由中自主、自觉的本质内涵。在未完成的不确定性生命旅途中，谁是命运的主宰者？普通人的生成性表明，人首先是一个自治的生命体，生命自身拥有自组织的基因和追求，由于生命的自组织特性，每个人都可以自主地展开自己的生命旅程，避免外在的干扰和内在的障碍，成为自为的生命主体。但是，自主不是排斥、否定自然、社会和他人之于个体生命

---

① 金生鈜：论个人自由在教化中的地位，《教育理论与实践》，2002 年第 1 期，第 3 页。

发展的价值和意义，正如自由的限度所揭示的那样，任何个体自主必须尊重他人的自主性，你的自主性才有价值和意义，自由才成为可能；不然，占有、压抑他人的生命自身也是不自由、自主的，因为你认识自己活动对象的方式、观念就决定了自己的价值和思想，意味着你就成为什么样的人。而生成性中的超越性和不确定性也对普通人的自由观提出了挑战，即自由必须以不断提升生命的质量为目标，而且这种提升是没有止境的，因此，自由对每个生命个体来说，都是一种不懈的追求，是一种生命的信仰。

普通人的共在、共融和非同质等共生性为生命的自由存在与发展提供了内在必然性支撑。黑格尔认为："一说到必然性，一般总以为是从外面去决定的意思……但这只是一种外在的必然性，而非真正的必然性，因为内在的必然性就是自由。"[1]人的自由是人类存在与发展自我选择、进化的一种生命方式，它内在于人之为人的本质规定性，这种本质规定性就是：人是社会中的存在，人的社会存在形式是共在、共融和非同质的共生性系统。在共生系统中，人是以具体的个人来体现人类的自由必然性的，所以，"自由在本质上是具体的，它永远自己决定自己，因此同时又是必然的"[2]。这样，具体个人的自由首先表现为人的自主性，没有人的自主，具体人就会被"共生系统"同化。同时，共生社会也会因为失去个体的自由而丧失整个人类社会的活力，为此，个体必须保

---

① ［德国］黑格尔著，贺麟译：《小逻辑》，商务印书馆，1980年第2版，第105页。

② ［德国］黑格尔著，贺麟译：《小逻辑》，商务印书馆，1980年第2版，第105页。

持非同质的追求，以免个人的自由被淹没或被取代。个体因共生
而显示出自身自由的限度，这是由人的差异性所决定的，也是人
选择共生而克服有限性的最佳生存方案。通过共生，个人得以从
有限性中解放出来，自由才能得到充分保障。

　　自由教育的内涵和"自由"的词义自身一样，在不同的历史
时期具有不同的理解。在古希腊时期，以"七艺"为中心的自由
教育仅限于那些高贵的自由人，奴隶是不需要、也没有资格享有
自由教育的。在文艺复兴以后的相当长历史时期内，所谓促进人
全面发展的自由教育也是排斥那些工人、农民阶层的，这从历史
上一些著名的思想家、教育家，如卢梭、洛克、斯宾塞等有关教
育的论述中就可以看出，他们虽然都重视教育，尊重人性的发展，
但对下层民众的教育却持反对的态度，因为在他们的观念里，自
由教育是需要理智的，是属于高贵阶层的群体的，而下层民众则
是以肉体的付出来生存的，不需要也不具备理智修养，因此，自
由教育依旧潜含着等级的内涵。即使到了现代，自由教育打破了
身份、阶层的束缚，强调理性自由价值观，以理性的占有来追寻
人类的自由，正如赫钦斯所言："自由教育乃是一种理智的训练，
而这种训练将使人在新的问题出现时有能力解决它们，在新的情
况出现时能够掌握它们，在新的需要出现时能够满足它们，并能
改造环境，使它符合人类精神的抱负。"[1] 这种唯能力至上、以人
类自我为中心的理性主义教育不但未能解放人，使人类获得自由，

---

　　① ［美国］赫钦斯著，陆有铨译：《教育上的冲突》，台北桂冠图书股份有限
公司，1994年，第81页。

反而给人类带来灾难和危机，以致出现"现代性大屠杀"①。

显然，自由教育的内涵取决于对"自由"的理解，当"自由"被地位、身份、理性束缚时，自由教育自身也是不自由的。问题的症结在于，无论是自由观还是自由教育，其立足点是什么？是人自身还是其他？进一步追问，是什么样的人性认识？地位、身份甚至理性，都是以终极者自居的，自以为拥有了它们，就获得了自由，结果却走向自由的反面，受制于终极性的秩序束缚。

普通人人性观认为，自由是人类的内在规定性，体现到每个具体生命实践中，人人享有自由的权利。这种自由观必然带来对自由教育的重新认识，"它意味着一种新的意义，认为普通人，人类广大群众的代表，已经得到了在过去由于制度的和政治的条件而被压制住和禁止发展的那些可能性"②。也就是说，每个人都能够、也应该享受自由的教育，以便让每个人自由地探索、追求、建构属于他的可能性生活，而不是生活在他人设计好的既定社会秩序中。因此，普通人教育就是呵护、张扬每个个体生命自由的过程，使生命在未完成、不确定的旅程中自主、自觉地前行，既可以克服内在的妨碍自由的障碍，如人的消极的欲望、冲动等本能性活

---

① 英国社会家鲍曼认为，希特勒屠杀犹太人的历史悲剧并不是像人们习惯上认为的那样，是希特勒丧失理智、非理性的结果；恰恰相反，鲍曼认为，现代大屠杀是理性张扬、精心设计的结果，主要表现在对秩序的无条件性服从、高效管理和唯技术至上等，使每个个体失去了对理性自身的反思、质疑和批判，不再追问生命的价值和意义，完全陷入理性的窠臼中，成为理性的奴才，最终导致极权主义暴行。（参见鲍曼著，杨渝东、史建华译：《现代性与大屠杀》，译林出版社，2002 年）。

② ［美国］约翰·杜威著，傅统先、邱春译：《人的问题》，上海人民出版社，1965 年，第 98 页。

动，又能避免、反抗干扰自由的外在权威、习俗等，开拓自己积极向上的自由人生。

构建追求自由的普通人教育首先要消解教育制度内在的理性权威，使教育制度自身以开放、生成、创新的姿态面向充满生机和活力的学生生命。制度化教育是近代社会理性的产物，其功能在于促进人的发展，满足社会发展的需要。在具体教育实践中，制度化教育具有权威性、强制性、直接性、可操作性等特点，以体现自身在促进学生发展方面的特定功能。所以，制度一旦确立，面对学生生命的自由发展要求，教育往往以终极者的形象出现，学生鲜活的生命只能适应、满足教育的规范，而不能挑战、批判、重建教育自身，结果教育不但不能促进学生的发展，甚至还发挥负向功能，压抑、阻碍学生的发展，背离教育的初衷。因此，构建追求生命自由的普通人教育必须从教育制度自身反思开始，从促进生命自由发展的角度而不是维护既定理性尊严和权威的层面分析，教育制度是建立在人人平等参与的"共同意义"基础之上的，制度自身就是开放的、动态的、不断生成和创新的，其源泉就在于作为自由生命体存在和发展的个人，教育制度和自由的生命个体是互动、共生的。这就要求在教育活动过程中，无论是教育管理者还是教师，都要走出教育制度不可动摇的理性主义思维，秉承理性开放的认识，尊重每个学生的理性权利，学生的自主发展才能在制度层面上得到保障，教育才能发挥促进学生自由发展的作用。如此，教育制度自身才能因学生生命的介入而不断获得解放、新生。

具体到普通人教育的实践，教师应追求生命自由的价值理念，从教学内容到教学方法、组织形式等，体现出张扬学生自主、自由的教育思想，使学生在日常教学中体验、反思、升华对生命自由的认识，成为自由的普通人。首先，任何教学内容都必须从生命的高度来审视，无论知识的学习还是能力的提高，都是为了使学生获得解放、走向自主，而非成为知识的奴隶、技术的操作工，唯有以学生的生命自由为核心，知识、能力才能发挥促进学生发展的价值。其次，教学方法的选择和运用应尊重学生人性中内在的自由属性和追求，使学生成为方法的主人而非方法的对象；使学生在方法论层面上获得解放、自由，而不是被教师应用、验证的材料。最后，教学的组织形式也应体现生命自由的特征和追求，使教学组织形式浸透着生命的内涵，即教学组织形式是适应、满足学生的自由生命而设计、实施的，而不是相反。

三、普通人教育追求社会的公正理念

自古以来，公正就是人类社会追求的理想目标，教育在构建公正社会的过程中承担着重要的职能。公正的社会要求教育自身也必须是公正的，作为新的教育观，基于有限性、生成性和共生性基础的普通人教育内含公正的社会理念，以推动公正社会的实现。

早在古希腊时期，柏拉图就提出了自己的公正论，就是"每个人必须在国家里执行一种最适合他天性的职务。……正义就是只做自己的事而不兼做别人的事"[①]。这是建立国家的总的原则，而这个

---

① ［古希腊］柏拉图著，郭斌和、张竹明译：《理想国》，商务印书馆，1986年，第154页。

公正原则确立的基础就是柏拉图先验的理念人性论，即人性是先天决定而不同的，有金、银、铜之分，公正就是每个人从事与自己的天性相匹配的职业，各司其职、各尽其责、各安其位，无论是国家还是社会，才能和谐发展。霍布斯则超越了柏拉图的人性先天差异论，认为公正是建立在天性平等的基础上的，"这种平等完全取决于这一点，即因为我们天生平等，谁也不应为自己获取比他应允给别人权利更大的权利，除非他是通过协议获得这种权利"①。其平等包括简单平等和比例平等，以实现分配领域的公正，在这里，霍布斯将公正纳入公共资源、公共利益的分配领域，此后的公正大都是从公共资源的分配来认识的。然而，虽然其公正强调平等，但这种平等是建立在人的先天人性假设上的，是一种自然决定论的公正。康德则从理性普遍立法意志的角度来阐述其公正理论的，他认为："在不可避免地要和他人共处的关系中，你将从自然状态进入一个法律的联合体，这种联合体是按分配正义的条件组成的。"②即公正体现的是守法和应得的理性意志，从此以后，人们探讨公正就不再局限于先天的人性论，而是从人的自然状态走向人的社会必然，人是社会的存在，公正是为了维护社会健康发展而设计的分配原则。罗尔斯将分配公正视为社会正义的核心，他主张，"所有的社会价值——自由和机会、收入和财富、自尊的基础——都要平等地分配，除非对其中的一种价值或所有价

---

① ［英国］托马斯·霍布斯著，应星、冯克利译：《论公民》，贵州人民出版社，2003年，第29—30页。

② ［德国］康德著，沈叔平译：《法哲学原理》，商务印书馆，1991年，第133页。

值的一种不平等分配合乎每一个人的利益"①。其平等包括处于优先地位的基本权利的自由平等和涉及社会经济利益分配的差异平等，无论哪种平等，其前提就是要把对个人权利的尊重和保护放在首位，这是基于自然权利或正义的必然选择。显然，罗尔斯的公正论是建立在人性原初的理性协商的结果，人性不再简单地停留于自然或后天，而是一种有机的统一。从公正论的历史演绎可以看出，其公正内涵人性的根基由先天的人性决定论逐渐发展到对人类社会现实生活的积极关注，是人之社会性的必然选择，但人的自然性或社会性依旧存在分离的嫌疑。

从"公正"词源分析，也能反映其内涵所包括的基本要义。"在英语中，'公正'（justice）源于希腊文 dikē，指判官的仲裁或申辩者的主张符合正义女神特弥斯（Themis）的要求。据说，正义女神特弥斯在审理案件的时候双眼紧闭，手持天平，象征着理性、公平地裁决，不受任何感官好恶和亲疏关系的影响"②。这一词源表明，公正必须公平、平等、正义，并上升到法规的层面，可见其在社会生活中的重要性。后来的"公正"词义基本上是在这些基本理解上延伸出来的。例如，现在有代表性的词典释义和"公正"词源关系密切，《牛津高阶英汉双解英语词典》中的"公正"义项主要包括"①公平、正义。②法律制裁、审判。③用作高等法院法官的头衔。④使（犯人）归案受审"③。我国《辞海》对

① ［美国］约翰·罗尔斯著，何怀宏译：《正义论》，中国社会科学出版社，1988年，第7页。

② 石中英著：《教育哲学》，北京师范大学出版社，2007年，第280页。

③ 《牛津高阶英汉双解英语词典》，商务印书馆、牛津大学出版社，1997年，第811页。

"公正"的界定："①人们从既定概念出发对某种社会现象的评价。亦指一种被认为是应有的社会状况。反映社会生活中的权利和义务、地位和作用、行为和报应之间的某种适应关系。②一种道德要求和品质。指坚持原则，按照一定的社会标准（法律、道德、政策等）实事求是地待人处事。"① 从"公正"的词源不难看出，自古至今，公正之所以上升到法律层次来审视，就是因为公正在社会生活中的重要性，具有无可争议的权威，是人民共同认可并规范人们的言行的。因此，在认识公正的内涵时，必须从两个方面来认识，一是体现公正的具体规则是什么，二是践行公正规则对个体人性的发展有什么价值和意义。

从体现公正的具体规则来分析，公正就是平等。平等既包括体现生命尊严的基本权利和价值的绝对平等，也包括经济利益等社会资源的比例平等，即其"应得"要与付出、能力和追求等因素"相称"。从践行公正规则的个体来分析，公正就意味着正义，满足人自由、平等发展的需要，是从人性自身视角来认识的，"正义是一种普遍性的概念，是人类追求自由、平等的价值期待"②。个体追求公正，体现的是人的一种至善的德性，是一个具有正义感的生命体。就公正而言，当平等不能满足每个人的发展，甚至削弱、压抑个体的发展时，就需要正义来调整以实现公正。因此，我们讲到公正，一般就指平等与正义。所以，认识公正，关键是如何理解人之生命的尊严和价值，以及如何理解人性的发展，从而确

---

① 《辞海》，上海辞书出版社，1989年，第315页。

② 冯建军著：《教育公正：政治哲学的视角》，福建教育出版社，2008年，第21页。

立平等与正义的原则。传统的人性观往往从静态的视角认为人的先天性与后天性是二元的，彼此达到既定的境界就不再发展，因而，建立在这种人性观基础上的公正论对个体来说大多是外在的、强加的，公正反而不能起到促进个体和社会发展的作用，不能为个体和社会所接受，因为它是人为设计的公正，想以公正规范人，而非人内含公正，生成公正，公正与人性共生。

普通人人性论既是公正认识的起点，也是公正所追求的目标。与传统人性论相比，普通人的有限性、生成性和共生性等人性内涵对公正的最大挑战在于，人的存在和发展是处于未完成的生成状态之中的，而且是不确定的，很难以既定的外在标准来确立公正的规则，这就要求公正必须回归普通人自身的发展上来，以促进每个人的主体性发展作为公正的内在要求。

普通人的有限性强调人的差异性、平等性和未完成性，内含着平等而正义的公正诉求。在公正的视野里，普通人的平等不同于终极者社会条件下的平等，无论是柏拉图的"理想国"还是康德的"理性王国"，是基于先天或后天的决定论公正观，所有终极性的平等观都是基于静止、终结性的立论，即所规划、设计的平等是超越历史的存在，以满足不同历史、地理环境下的需要，从而证明其公正性。然而，这种平等只能阻碍历史的发展，否认人和社会始终处于未完成的状态中，这对鲜活的生命来说是不正义的，更是不平等的。普通人的平等观则尊重生命的未完成性，正是因为未完成，人永远不会到达无限的终点，生命的价值和意义就在于人的差异性，因为差异，人和社会才充满活力，这是生命的特质，所以，面对个体生命之间的多元、差异，平等是从生成、构建生命机制的意义上来讲的，即每个个体因其差异而赋予生命以价值和尊严，所以是平等的。没有差异，生命将失去生成、创新的源泉。在此，普通人的平等性所诉求的是生成性的平等论，它扎根于人性的未完成使命，否则，所谓的平等设计就预设了人的生命目标，先验地窒息人的生命，终结人的生成，是不正义的。因此，普通人人性论对平等的公正诉求内含了人性自身的正义理解。

普通人的生成性内涵将公正的核心聚焦于人的主体性存在与发展上，主张维护人性自治，促进个体不断超越自我是公正的目的所在。从人性的视角分析，公正是人类社会自我存在、发展和创新的最佳选择，以期使人性达到一种至善的境界，但分歧就在于如何理解人性的至善。终极者总是以一种完美的理性设计来规范人和社会的存在与发展，人与社会被一种外在于自己的、无形的力量支配，无论是人的发展还是社会的进步，都是在验证这种理性设计的公正、合理，进而，将理性的秩序看作是公正的化身，而人自身反而失去了探究公正的内在价值和意义。普通人的生成人性论认为，人是一个具有自治属性的生命体，其生命的存在和发展是自主的，而且是不断超越的，永远处于不确定的生命旅途中。因此，公正就在于维护并张扬人的这种自主发展的属性和追求，使每个个体始终保持自主的生命姿态，而不是像终极者所规范的那样，一部分人拥有人的主体使命和素养，一部分人是被设计和制造的，失去人之为人的主体权利和追求，这是非正义的，不公正的。所以，普通人人性论认为，公正就是要让每个个体生命体验、升华、追求人的主体性存在和发展，使人性在至善的路程中不断自主地生成、超越。

普通人的共在、共融和非同质等共生性内涵奠定了公正的生成性、自主性诉求的人性基础。普通人人性论认为，每个人都是共生性社会中共在、共融的一员，共生社会的生机来源于个体生命的活力，而每个个体生命的活力就在于生命的有限性和生成性，所以，生命既不能被决定，更不能被制造。生命的生成性是在开放、多元、共生的社会中展开的，任何人的生成都不能以妨碍、牺牲其他人的存在与发展为代价，这就要求在共在、共融的共生社会中以公正来尊重，合乎每个个体的生命生成权，而且公正还要能促进、提升每个人的生成质量和价值。这就要求普通人共生社会下的公正准则不是预设、固定的，公正必须和生命的生成性同步，不断提高自己平衡、协调、规范促进生命生成的水平。普通人的非同质性要求每个个体是自主的，而不是同质的，因为同质的个体就意味着复制，生命因之失去自己的魅力和意义。同质的社会也失去共生的前提，因为"共"是以"差异"为基础而构建的，没有主体间的差异，共生的社会就不存在，也谈不上发展。所以，普通人所诉求的公正应尊重、保证、张扬每个个体的自主性，促进每个生命的自主性存在与发展就是捍卫其他人存在与发展的权利，在共在、共融的共生社会中，个体生命只不过是以自主的形式对其他共生体生命的反映。所以，普通人的共生性是平等、正义等公正内涵的基础和归宿。

无论是从促进社会进步还是个人发展的角度来看，构建公正的教育都是历史的必然。从促进社会进步来讲，社会公正自身就包括教育公正，而且教育公正是实现社会公正的重要组成部分，理应发挥促进社会公正的功能。从促进个人发展来讲，"公正的最终目的是促进人性的发展与完善，而教育作为以人的发展为直接目标的实践活动，公正与教育在最终目的上是统一的，它们共同作用于人性的发展和完善"①。这种目的的一致性要求教育必须是公正的。而普通人人性内涵自身又包含着公正的内在诉求，追求公正的普通人教育就成为时代的应然选择。

教育是社会的有机组成部分，自然应承担起建设公正社会的职责，普通人教育就是一种公正的社会实践。教育不仅要传播、创新公正价值观，更重要的是，要在教育制度层面上体现公正的理念，培养具有正义感的人。公正的教育必须摆脱社会现实中各种不公正的束缚，从自身的特点出发，通过公正的教育来推动公正社会的实现。社会的不公正主要存在于因阶层、种族、性别、宗教信仰等政治、经济、文化的差异而导致的不公平现象和非正义的价值观，教育自身为此就必须首先从制度建设入手，确保公正教育的实现，而不是复制、强化社会的不公正。诸如在入学条件、课程设置、评价标准等方面基于人的内在因素而公正地满足每个学生的需要，对此，罗尔斯认为："获得文化知识和技艺的机会不应当依赖于一个人的阶级地位，所以，学校体系（无论是公立还是私立学校）都应当设计有助于填平阶级之间的沟壑。"②终极者教育却认为自己是公正的，能满足不同阶层的需要，这种终极者假设是基于既定的、决定论的外在认知的，是不符合公正之于人性的内在追求的，以精英教育为例，"它们不仅决定你的命运，而且表明你的身份，不仅表明你的身份，而且决定了你的

---

① 冯建军著：《教育公正：政治哲学的视角》，福建教育出版社，2008 年，第 243 页。

② ［美国］约翰·罗尔斯著，何怀宏等译：《正义论》，中国社会科学出版社，1988 年，第 7 页。

价值"①。即人的存在与发展不依赖于自己不断的生成和超越，而是决定于外在于自身的定位、定制。终极者教育不公正的症结在于忽视甚至否认人性的未完成性和不确定性，人是不断生成和超越的，先验地以外在的、静止的规范来定位鲜活的个体生命，这既是对个人发展的不公正，也是对社会因个人活力而不断创新的不公正。公正的普通人教育正是从人自身的存在和发展来培养个体生命的，外在的社会角色、生活模式等必须在人不断生成、超越的过程中自我选择、创造，这样，对人和社会才是公正的。

　　公正的普通人教育既然不是基于统一的、静止的外在目标去设计人、制造人，那么，它只能将教育的重心回归到人自身，即普通人教育，其核心就是张扬每个个体生命的个性教育，对人和社会的发展来说，这才是公正的。针对人性发展的未完成性和不确定性，公正的教育首先要面对生命的差异性，个体之间的差异性是公正教育的起点。"人可能生来就不同，就有差异，但并不等于就有个性，就是'具体人'"②。这取决于如何认识差异，以及差异在教育过程中的地位和价值。终极者教育也认可人的差异的存在，但它是将差异等级化、终极化，否认差异的主体性根基，以外在的、既定的规范代替、包办主体自身沿着差异的方向存在和发展，最终使人的差异消失，将个体归属到某一类、某一等级来塑造，这对每个充满活力的个体是不公正的。普通人教育强调差异是生

---

①　［美国］威廉·德瑞斯维兹，精英教育的弊端，《江苏高教》，2009 年第 4 期，第 2 页。

②　冯建军著：《教育公正：政治哲学的视角》，福建教育出版社，2008 年，第 264 页。

命存在的特质，差异不是被利用的对象，而是被尊重、呵护、张扬的主体生命存在，在教育过程中，差异必须上升到个性的高度，个性的存在和发展是普通人教育的宗旨所在。唯有尊重、培养学生的个性，教育才能真正满足、适应每个生命个体的需要；只有个性的教育才能避免生命被复制、同化，人才能沿着主体意志和自由的方向发展；也只有个性发展，每个生命个体才能在未完成和不确定的人性发展中主宰自己的命运，成为自己的主人。

公正的普通人教育要想促进学生的个性发展，就必须追求教育的公正，而最关键的就是教师要公正。面对人性发展的未完成性和不确定性挑战，只有和学生朝夕相处的教师最能了解他们的个性特征和理想追求，因此，教师必须抛弃世俗和终极性教育的偏见，公正地认识学生，组织教学，促进每个学生充分、自由地发展。"许多的调查报告都表明，在学生最欣赏的教师素质中，'公正'是位居前列的；反过来，在学生最不喜欢的教师素质中，'不公正'也是位居前列的"[①]。可见公正在教师职业活动过程中的重要性。教师的公正主要体现在两个方面：其一，面对来自不同社会背景的学生，教师应秉承公正的教育理念来公平地对待他们，不能因经济、政治、文化等差异而歧视任何学生，相反，教师应站在生命差异的平台上，促进学生的个性发展，使学生通过自主来反省自己的教育背景，借助普通人教育养成公正的理念，正视自己的社会差异，推动社会走向公正；其二，教师的教育目标应尊重学生的个性差异，而不是以统一的、静态的目标来规训每个学生的成长，这样，学生就能感受到普通人教育是尊重自己的人性

---

① 石中英著：《教育哲学》，北京师范大学出版社，2007年，第299页。

生成的, 对每个人来说都是公正的, 也就不会出现以终极性目的教育学生而出现所谓"差生"的不公平现象。当学生能在生成过程中体验、享受到教师的公正教育时, 他就能自觉地成为有正义感的人, 走向社会后, 就能成为建设公正社会的积极参与者、创新者; 否则, 结束教育生活后的个体, 只能复制、强化甚至加剧社会的不公正。

第七章　普通人教育的内在合理性

将普通人确立为教育的目的，不仅是为了迎合时代的需要，更重要的是反映教育活动自身的独立性，即唯有教育，才能以生成普通人为社会职责，这体现了教育实践自身的内在合理性。

一、教育功能的视角

"功能"一词最早运用于生物学领域，是和结构相对的，专指有机体生命过程中各种器官活动的结果，而结构则指构成有机体的各种细胞、组织的稳定排列，因此，功能在一定意义上有反映有机体独特性的特点，即不同的功能折射了有机体内在结构的不同。在社会科学中，功能的含义也很多，以《辞海》为例，功能的义项包括"1.是指事物的能力；2.功效和作用，多指器官和有机体而言，如肝功能和钢管的功能；3.在自然辩证法中同'结构'相对，组成一对范畴，指物质系统所具有的作用、能力和功效等"[1]。

---

① 《辞海（缩印本）》，上海辞书出版社，1991年，第24页。

所以，从功能的词义可以引申出该词的基本含义：首先，功能是外在的，是某种系统对外在环境所产生的作用或效果，功能要通过外在结果来认识、评价；其次，功能是相对客观、稳定的，它不以主体的需要程度来界定功能的高低，一旦系统的要素、机制确定，其功能就是既定的、不变的；最后，功能在一定程度上具有区别认识对象的价值，即不同事物、活动的功能应该是不同的。当然，对功能的理解还可以从更深层次认识，即如何判断功能，是从功利主义视角来理解功能，还是从义务角度来认识功能？前者侧重从外在对象是否需要、有用性多大来判断功能高低；后者则从系统自身的目的、价值、机制等方面认为应该产生什么效果来分析、评价功能。所有对功能的理解都是我们认识教育功能的基础，从而更好地认识教育目的转型为普通人的合理性。

教育功能就是教育活动要素以及整个教育系统在实践过程中所发挥的作用或产生的效果。由于教育功能自身是教育系统存在与发展的基本反映，承载了教育与外界交往的目的、价值、机制等内涵，所以，教育功能的实现和评价要取决于教育内外的诸多因素，诸如教育目的是否合理，教育价值导向是否正确，教育机制是否合乎教育自身要求，社会要求是否正当等。因此，不同的教育功能论实际上就反映了不同的教育观，例如，从教育发展的历史分析，古代社会侧重教育的政治、教化功能，现当代则追求教育的育人功能等，这种教育功能的不同反映了不同历史时期教育观的差异，尤其是教育目的的不同。这是因为，教育目的是教育观的核心，它内化到教育活动的各个层面，从而推动教育实现其应然的功能。因此，分析教育目的转型为普通人的合理性首先从教育功能的辩护开始。

1. 普通人内含超越既定社会的教育功能

从教育目的视角分析，教育的社会功能是通过其培养的人以及如何培养来实现的，不同的教育目的观会导致不同的社会功能论，并影响到教育功能实现的程度，从中反映出教育与社会各个层面的关系，以及教育目的确立的合理性。

教育的社会功能主要包括政治、经济和文化功能等，这是从教育外部的对象来反思教育活动的职责或效用，以社会发展为目标来评价的，教育处于被利用的地位，扮演工具性的角色。这就要求教育所培养的对象必须满足社会政治、经济、文化等外在的需要，自身的身心发展素养是以社会功能的体现来认知的，这在古今中外的教育实践中非常普遍。例如，中国古代的儒家教育思想特别强调教育的政治、文化功能，具体体现在对道德伦理观念的说教，从而维护封建统治的正统性和合理性；古希腊教育同样倡导教育的政治、文化功能，柏拉图的《理想国》代表了古代西方教育功能论的导向，教育只是理想社会系统中一个为国家培养特定人才的机构，教育是直接为政治、文化服务的；即使到了现当代，教育的社会功能论也有令人着迷的市场，当社会发展从政治中心转向经济中心时，教育的经济功能论就应然而生，最为著名的就是舒尔茨的人力资本理论，他认为："如果根据一种把人力资本、物力资本都包括进去的全面的资本概念去考虑问题，并认为所有资本都是由投资的方式产生的，那么这种想法既有裨益又妥帖正当。"[①] 也就是说，教育活动是一种经济性实践，要从投入与产

———————

① ［美国］T.W.舒尔茨著，曹延亭译：《教育的经济价值》，吉林人民出版社，1982年版，第129页。

出的经济视角来认识教育的功能，这种认识在改革开放后的中国也逐渐获得认可，即"教育产业化"。

直接以社会功能为目标的教育实践必然背离教育活动自身的规律，使教育和相应的政治、经济、文化等两败俱伤。为了实现这些教育功能，政治、经济、文化等各种因素就会以教育的面目出现在教育实践中，并占据重要位置，担负重要职责，从而确保各自社会功能的实现。但结果如何呢？教育的整体性、系统性被肢解，教育的规范被破坏，教育沦为其他社会活动的领地、实验场，失去自身的尊严和价值，成为其他社会活动的附庸；而政治、经济、文化等社会活动也因无视自己的社会定位和角色，试图以自己的规范、模式、方法来奴化教育，结果反而僵化了自己，失去应有的活力和社会价值。问题的根本在于终极性的社会观或终极性的教育观，这种终极性的社会观假定自己所设计的社会是理想的、完善的，社会其他活动也是完美的秩序所安排、界定的，教育也不例外，结果，就出现不同历史时期的政治至上论、经济决定论、文化和谐论等，教育就是为这些终极性社会目标服务的，其职责就是培养满足设计好的社会发展所需要的终极者，至于人自身所拥有的欲望、追求等创造性知识、能力就成为被利用的对象，而非对终极性社会进行变革的动力和源泉。然而，"在这样一种以忽视人的价值为特征教育价值观指导下，我们的教育能培养出具有生动个性和大胆创新精神的人吗？教育作用于社会并体现出巨大的政治价值、经济价值和文化历史价值，正是以培养人为起点的"[①]。所以，怎么能期待终极化教育观下所培养的终极者能承

---

① 王坤庆著：《现代教育哲学》，华中师范大学教育出版社，1996年，第206—207页。

担继承、创新社会发展的重任呢？其结果只能是体现出教育之于社会发展的负向功能，而非正向的促进功能。因此，实现教育的社会功能，必须回归到以人为中心的教育目的观中，人是社会的核心。

从人自身分析看，他不是单一的政治动物、经济动物或文化使者，他是始终处于生成过程中的复杂生命体，在其本质上，人是一种社会性存在，促进人的发展就是最根本的社会功能。在人与社会的关系上，彼此都不是被决定的，而是相互共在、共融的共生体，这是由人的自治人性规范的，"人离开狭义的动物愈远，就愈是有意识地自己创造自己的历史，不能预见的作用、不可控制的力量对这一历史的影响就愈小，历史的结果和预定的目的就愈加符合"①。人具有自己主宰历史的能力和追求，这是人区别于动物的本质所在，所以，那种由他人设计好的社会秩序、价值观念所培养的终极者是非人的象征。人的这种自治、共生性也反映出由人所构成的社会的属性，社会是一个复杂的生命系统，构成社会的各个组成部分既是相互独立的，又是共在、共融的，没有彼此的独立，社会就会成为单一、僵化的机械组合，失去社会的活力；同样，没有相互的共在、共融，社会就停留于史前状态，是非人的场景。因此，从教育目的转型为普通人的视角分析教育的功能，并不是要否认教育所拥有的社会功能，而是如何认识教育承担社会功能的途径和实现什么性质的社会功能。

普通人教育目的观自身就内含了承担社会功能理念，这是普通人的人性基础决定的。人的有限性、生成性和共生性不是先天

————————

① 《马克思恩格斯选集（第 3 卷）》，人民出版社，1973 年，第 457 页。

的属性界定，而是人的先天特征与其生存、发展的后天共生的属性特征，没有社会这个生存的土壤，就没有什么人性可言，因此，讲人性就是指人的社会性，人的社会性和先天性是有机统一的，正如马克思所言："个人是社会的存在物。因此，他的生命表现，即使不采取共同的、同其他人一起完成的生命表现这种直接形式，也是社会生活的表现和确证。"① 所以，人性的另一面就是社会性，而这种社会性就是人所生存与发展的社会政治、经济、文化的体现，因而，才会出现不同的社会制度、价值观念、生活方式下其个体人性不同的现象，人的差异实际上是社会性质、特征的反映，在此意义上，"人的本质并不是单个人所固有的抽象物。在其现实性上，它是一切社会关系的总和"②。而普通人的人性就是这种社会人性观的体现。教育以培养普通人为目的是内含着促进社会发展的使命的，只不过普通人教育是以彰显教育独立性的姿态来承担其社会职能的，而不是将教育归为社会具体领域的一个构成要素，简单地为社会其他部门服务的。从普通人的人性观也可以反映出普通人教育对社会的理解，人的有限性反映的是对社会各个有机组成部分之间差异、平等和未完成性的理解，而非将社会分成机械的组合。人的生成性折射的则是社会各个领域自治、超越和不确定的存在和发展机制，而非一种终极性的理性设计。人的共生性是社会构成之间共在、共融的共生发展理念，而不是霸权和奴役。正是普通人所体现出来的生命风采，才能不断提升社会发展的生机和活力，反之亦然。故此，培养普通人，就是承担了教育

---

① 《马克思恩格斯全集（第42卷）》，第122—123页。

② 《马克思恩格斯选集（第3卷）》，人民出版社，1973年，第18页。

应尽的最重要、最基本的社会功能。

　　显然，教育目的转型为普通人所担负的社会功能是不同于终极者教育的功能的，如果说终极者教育承担的是维护既定社会模式、价值存在和发展的被动性适应功能，那么，普通人教育则强调对社会发展的反思、批判和构建的主动性超越职能。这种超越是由人这一生命存在决定的，"因为人是一种超越世界的存在，人不只是一个受欢迎的客人，也是这个世界的异乡人，所以对他来说只有一个外在世界是不够的。人的内心和自我总是要超越这个世界"①。传统教育中，由于终极者是依据特定社会设计好的人之存在和发展模式，因此，终极者除了适应既定的社会、维持这种社会以外，不能发挥出其他功能，因为他的顺从、忠心、献身教育就决定了他的社会实践。"今天的教育不能被看作是社会势力的被动奴仆；教育作为一种建设性的动力，必须参与形成和指导这些势力。它的任务是要为越来越充分地认识社会和个人的潜力提供条件，而这些潜力正是在教育过程中不断得到发展的"②。普通人教育就担负起了这种教育重任。首先，普通人具有一种不确定、未完成的社会认识，他不会被所谓完善、理想的社会蒙蔽，而是能在正确理解既定社会有限性的前提下，不断超越现在，向着未知但充满希望的社会探索、追寻；其次，普通人是自治的社会个体，他能摆脱落后、保守的社会对人的奴性束缚和扼杀，不断开创新

---

　　① ［德国］彼得·科斯洛夫斯基著，毛怡红译：《后现代文化——技术发展的社会文化后果》，中央编译出版社，1999年，第65页。

　　② 瞿葆奎主编：《教育学文集·教育目的》，人民教育出版社，1989年，第616页。

的生活，建构富有活力和生机的社会；最后，普通人不会陶醉于自我发展的狭隘空间，他能以共在、共融的共生理念去平等地尊重他人，建设一个平等、自由的共生社会。因此，以普通人为教育目的，教育所担负的就是一种超越性和创新性的社会功能，实现人和社会的共生。

2. 普通人教育促进个体不断生成的功能

教育具有育人功能是近现代教育的标志之一，不同的教育家、思想家对此进行了深入的论述。夸美纽斯认为，"人是一个'可教的动物'，这是一个不坏的定义。实际上，只有受过恰当教育之后，人才能成为一个人"[1]。夸美纽斯是从人的天性——可教性来主张教育的育人功能的。康德认为，"人只有通过教育才能成为人。除了教育从他身上所造就出的东西外，他什么也不是"[2]。在这里，康德把人的全部身心素养的获得都归功于教育。近现代以来，教育的育人功能就一直为人们所认可、追求，无论社会提出什么样的人才模型或要求，总是寄希望通过教育来完成成人使命，如卢梭的"自然人"、洛克的"绅士"、第斯多惠的"全人"、杜威的"新人"等，所不同的只是人的类型有别，教育的内涵有异，但在教育具有培养人的功能上是统一的。强调教育的育人功能反映了

---

① ［捷克］夸美纽斯著，傅任敢译：《大教学论》，人民教育出版社，1984年第 2 版，第 39 页。

② ［德国］康德著，赵鹏、何兆武译：《康德论教育》，上海人民出版社，2005 年，第 5 页。

一种革命性的人性认识，即人不是由天赋或遗传决定的，而是社会的存在，教育具有使人从自然人转变为社会人的功能。但是，这种认识也存在"教育万能论"的嫌疑，否认其他社会活动对人发展的作用和价值；而且将人的发展完全寄托于教育的思想也无视人始终处于生成过程中的事实，认为完成教育的人就不再发展了。

因此，我们需要进一步思考：是什么样的教育目的观将人的发展完全交由教育来完成？这种教育观下培养出来的人是真正的人吗？

传统教育目的观所界定的培养目标是先于鲜活的个体而存在的，使个体通过教育向着规定好的确定性目标迈进。因此，相对于个性鲜明、充满无限生机和活力的个体而言，这些教育目的所规定的人就是一种设计好的理想模型——终极者。终极者教育目的的确立是基于理性的设计和规划的，人只有达到社会要求的标准才是人，而自然人则是非人的，不符合理性对人的设计；而且人的发展是有终点的，达到了终极者的相应等级规范，个体就实现了自我，此后人就处于被应用阶段，以服务于终极性社会的建立。然而，这种终极者是真正的人吗？答案是否定的。终极者所确立的人的不同定位实际上是按社会的要求预先决定的，所体现的只是社会的角色和价值，也就是，"我们的时代已经开始把整个现代甩到了后头，用一个职业者社会代替了劳动社会"[①]。是职业角色决定人，而不是人的劳动创造生成人自身。个体作为人是被决定和定型的，而非自我主动选择的，人被当成可以支配的对象，是

----

① ［美国］汉娜·阿伦特著，王寅丽译：《人的境况》，上海人民出版社，2009 年，第 251 页。

反人性的。在整个教育过程中，人性不是被当作目的来追求和实现的，而是被利用、扭曲，甚至被扼杀的对象，人不是按人性的方向发展，而是相反，这样，人就被工具化，成为实现其他目的的、等待加工的材料，因而是非人的教育。所以，终极者教育目的观下的教育功能与其说是培养人，不如说是利用人。

普通人教育目的观认为，人是生成的，因此，教育不可能独揽促进人之发展的功能。生成的人具有两方面的内涵，其一，人的自然性和社会性不是截然分开的，在人的视野里，人的自然性与社会性因生成而同一于人的身心素养中，没有所谓的自然人或社会人之分，所以，也就不可能有外在的社会人专门设计不同个体的发展模型，教育目的必须内在于教育活动的人之中；其二，生成是人的常态，人生不可能在受教育阶段就完成人的发展，走出教育后就定型，不再发展了，人的生成性由人作为生命体的自治、超越和不确定性决定，所以，教育不能垄断整个人生阶段，除非人生的其他阶段也从教育的视角来审视，如终身教育理念的倡导。因此，从人的生成性属性分析，教育既然不能垄断人之发展的全部，那么，在育人功能的定位上，就必须培养真正的人，以教育过程中所生成的人的素养去丰富、创新个人在教育之外的其他社会活动中的人生，促进个体持续地、超越性地存在和发展。

普通人教育目的观所确立的人则是真正的人，符合教育促进人发展的功能定位。首先，人性是人之为人的根基，普通人教育尊重人的基本属性，即有限性、生成性和共生性，人的发展是沿着人性的方向前行的，人性不是被利用的对象，而是被尊重、张扬的目的，从而确保人成为教育的目的；其次，有限性、生成性和共生性不仅是人的内在属性，而且人性还是成人的规范，即培养人

的活动必须以符合人性的规章制度来运行，否则就是反人性，进而
是非人的。只有育人规范与人性相一致，人才不会被肢解、利用，
人自身才会成为目的；最后，普通人教育目的观并不是不顾及人的
社会性，否认教育的社会功能，而是认为，普通人自身就是人之社
会性的结晶，内含着社会的价值、规范，培养普通人就是教育所承
担的最基本、最重要的社会功能，这是由社会分工决定的，教育不
可能越俎代庖承揽其他社会活动的职能而忘记自己育人的本职所
在。因此，从普通人教育目的视角分析，教育最直接的功能就是促
进人的生成性发展，而普通人就是教育实践所要培养的目标。

3. 普通人目的维护教育独立性的功能

站在教育活动自身角度分析，如果说促进社会和人的发展是教
育的对外功能，那么，教育的对内功能就是自我保存、自我调节
和自我创新。教育促进自身发展、保持教育生命力的功能是发挥
对外功能的基础，没有教育自身的健康运行，促进社会和人的发
展就会成为空话。教育目的转型为普通人，为教育自身功能的实
现提供了内在的动力和基础。

自我保存的功能要求教育活动要维护自身存在和发展的独立性
与尊严，体现出教育之为教育的价值和意义。我们知道，教育系
统具有相对封闭的特征，这就要求其活动过程体现出自在、自为
的特点，从而确保教育的自我保存。终极者教育目的的教育观却
使教育时刻面临自我保存的危机，这是因为，终极者目的自身是
由教育之外的因素决定的，其出发点和归宿都是立足于教育活动
以外的目的的，因而，作为教育活动中最重要的基本因素——教育

目的，很难与教育活动有机地统一起来，教育目的也难以引领教育沿着自身的轨道运行，教育处于被利用和支配的地位，是作为工具存在的，自身没有命运的自主权，更谈不上自我保存。所以，从教育发展的历史可以看出，终极者教育目的观指导下的教育时常出现被其他社会活动任意支配、歪曲，甚至取代的可悲局面。而普通人教育目的则能很好地肩负起教育自我保存的功能，其根基就在于，普通人是教育实践的真正目的，而非其他社会活动委托教育的加工品，这就保证了教育活动的性质和过程不会变质，是为了自己的目标而存在和发展的。正是因为教育在培养人的功能上的独特性和垄断性，教育才为自己赢得了应有的尊严和价值，成为社会的重要组成部分，不然，就是社会其他活动的附属品。普通人教育目的要求教育活动必须按自己的规律运行，才能实现育人的功能，这就保证了教育活动中的组成要素、运行机制、评价体系等都彰显教育的内涵，而非其他，从而确保了教育自我存在和发展的相对独立。因此，无论是从教育的性质，还是教育过程中的构成、机制和评价等方面分析，教育目的转型为普通人可以更好地实现教育自我保存的功能。

自我调节的功能要求教育不能固步自封，必须面对开放、多元的世界，不断反思、批判和建构，从而使教育始终保持鲜活的生命力。终极者教育目的由于自身的确定性、终结性特点，决定了其教育活动是封闭的、机械的、单一的，完全为了实现既定的目标而运行，即使有调节，也是被动的手段、方法层面的调整，以更彻底地适应终极者培养的需要。所以，终极者教育目的下的教育实践不具有自我调节的基础和机制。普通人教育目的则不同，普通人教育是基于人性的规范而展开的，人的有限性表明，无论人自身还是教育活动，都不会被既定的现实陶醉，相反，有限性预示着教育实践存在无限的调控空间，以便进一步挖掘人的潜能；人的生成性揭示了教育自我调节的主体在于教育自身，教育活动是一个自治的存在，其不断超越的追求要求教育不能满足于现在，而是更好地面向未来，在自我调节中创新；普通人的未完成性和不确定性决定了教育的自我调节是一种常态，教育永远处于发展的生成进程中，而且这种发展是没有终点的，其未完成性和不确定性就要求在完成、确定和未完成、不确定性之间进行调节，可以说，完成、确定是相对的，而未完成和不确定是绝对的，如此，自我调节才能体现教育的活力。

就自身而言，教育要承担自我创新的功能，自我创新要求有机体能自我否定、自我超越和自我建构，这样，教育才能发挥促进社会进步、个体发展的功能。终极者教育目的观恰恰是反对创新的，它既不存在创新的主体——自我，也没有创新的追求，在终极者教育看来，目标一旦确定，就是完美的，也是终点，所以，根本不存在创新的可能。而普通人教育则是以创新为乐趣的，创新是普通人教育的灵魂，普通人的创新追求必然推动教育自身的创造和革新。普通人教育承认人和事物的有限性，这就意味着发展充满着不确定性和未完成性，需要不断地否定、超越和重构来追寻新的目标和理念，使教育培养的个体是创新性生命，教育自身也因此是一个创新性系统。而且创新的主体必须是自我，否则，创新就不具有目的性价值和意义，普通人教育目的所坚持的自治性素养就为自我创新奠定了坚实的基础，保证创新的主体性前提。同时，创新又不是唯我独尊的，它总是在适应与超越的平衡中来实现的，而普通人共在、共融的共生理念就要求创新不是以否认、牺牲对方为代价的，无论是人的创新还是教育的创新，都是以共同体创新为最大追求的，不然，创新就既无根基，也无目标，最终导致创新的夭折。

二、教育价值视角

教育价值不同于教育功能，功能反映的是教育系统与社会发展、个人成长或教育系统内部教育者与受教育者之间存在的因果关系，是相对客观的联系；价值反映的则是教育系统与社会群体、个人等主体需要的目的性关系，是相对主观的联系。但是，教育价值和教育功能一样，都是体现教育独特性、合理性的基本范畴，因此，教育目的转型为普通人的教育合理性必须合乎教育价值的应然取向。

价值是一个关系词，反映的是客体满足主体需要的程度，在我国，对"价值"的这一理解根源于马克思经典论述："'价值'这个普遍的概念是从人们对待他们需要是外界物的关系中产生的……"[①]《现代汉语词典》的"价值"义项就体现了这种认识："①体现在商品里的社会必要劳动；②积极作用。"[②]从中不难看出，无论是"必要"还是"积极"都是以主体的需要、评价来认识价值的。因此，"所谓教育价值，是指作为客体的教育现象的属性与

---

① 《马克思恩格斯全集（第 19 卷）》，人民出版社，1965 年，第 406 页。

② 中国社会科学院语言研究所词典编辑室编：《现代汉语词典》，商务印书馆，1996 年第 3 版，第 610 页。

作为社会实践主体的人的需要之间的一种特定的关系，对这种关系的不同认识和评价就构成了人们的教育价值观"①。在这里，客体是指主体需要的对象及其属性，因此，教育活动作为客体不仅包括整体性的教育实践，而且也包括教育系统内部的机构、目标、方法和评价等因素。主体包括两个方面——教育系统之外的社会群体或个人和教育系统中的教育者与受教育者，他们因各自的目的、需要不同而表现出对教育价值高低的不同评价。

从教育价值视角分析教育目的转型为普通人的教育合理性，主要基于传统的教育价值分类来论述，即教育价值的性质——工具价值与目的价值、教育价值的取向——社会本位与个人本位和教育价值作为本体存在的内涵——普通人价值三个方面。

1. 普通人教育的内在目的价值观

从教育价值的性质分析，一般分为工具价值与目的价值，亦即外在价值与内在价值，也就是说，工具价值是外在的，教育的价值由外在于教育活动之外的主体来评价的，正如布鲁巴克所言："工具的价值就是我们因为这些价值对某种事物有用处而判断它们是好的那种价值。它们的价值依赖于它们去达到另一种价值时所产生的后果。"②判断价值的标准掌握在活动之外的主体规范中。而目的价值是内在的，即教育价值就在于教育主体的追求，教育活动自身对主体理想的实现具有价值，对此，布鲁巴克认为："内在

---

① 王坤庆著：《现代教育哲学》，华中师范大学出版社，1996年，第125页。
② 王坤庆著：《现代教育哲学》，华中师范大学出版社，1996年，第138页。

的价值就是我们不是因为它们对另外某些事物有用处，而是因为它们本身就具有好的价值。它们的价值并不是它们对于另外一些在它们本身之外并且超过它们的价值有什么好处，而是它们本身所固有的。"① 价值就内在于主体的追求中，主体活动自身理想、目的的实现就体现了最高价值，因而，活动主体与活动价值是同一的。

从工具价值与目的价值视角分析，终极者教育目的属于工具价值。作为终极者，其标准和内涵是由外在于教育活动的理性占有者设计的，终极者教育目的的实现满足的是教育之外的既定社会群体或个体的需要，以构建他们认为完满、理想的终极社会，教育实践中的主体——教育者和受教育者没有参与、决定终极者目的的机会和权利，他们只是被当作实现这一教育目的的工具而已，所以，终极者教育目的反映的是工具价值的教育观。当教育活动被当作工具时，教育就失去其本然的存在，成为异化的对象，背离了教育的基本规律。终极者教育的工具论价值观反教育的症结主要表现在将人工具化，进而将教育封闭、静态化。然而，人是不能被工具化的，这是由"人"这一生命体的价值和尊严决定的，对此，人类发展史上的先哲都给予了无条件的肯定和论证，例如，卢梭在《新爱洛伊斯》中指出："人是最高贵的存在物，根本不能作为别人的工具。"② 康德的论述则更为深刻："人，一般来说，每

---

① 王坤庆著：《现代教育哲学》，华中师范大学出版社，1996年，第137—138页。

② ［英国］史蒂文·卢克斯著，朱红文等译：《个人主义：分析与批判》，中国广播电视出版社，1993年，第51页。

个有理性的东西，都自在地作为目的而实存着，他不单纯是这个或那个意志所随意使用的工具。在他的一切行为中，不论对于自己还是对其他有理性的东西，任何时候都必须被当作目的。"① 在这里，康德虽然以理性来指人，但他毫无疑义地指出，人作为目的性存在是绝对的。因此，终极者教育将人工具化的本质就在于，否认了人自在存在的先验性，把人当作物来加工，从而实现其非人的目的。将人工具化的价值观源于认识人和教育的方法论，即把人封闭化、静态化，以静止、机械的观点来认识人、教育人，在终极者视野里，人有一个终结性发展目标，这种目标是可控的，根据不同的完美社会秩序的需要来培养不同的终极者，而教育就是承担培养终极者的一个工具性机构。因此，无论是教育还是教育要培养的人，都是设计好的，教育中的主体只要按预定的程序操作即可，他们完全失去人的价值和尊严，只是实现终极社会的工具而已，这样，教育仅仅具有工具价值也就顺理成章了。

普通人教育目的观则反映了教育的内在价值取向，教育的价值在于满足教育实践自身的需要，即教育目的的实现，它是内在于教育活动之中的。普通人教育的内在价值观首先基于教育目的的确立是从人自身来认知的，人的有限性、生成性和共生性是普通人的基本内涵，其人性基础是和人的存在与发展互为表里的；而且普通人内涵的生成与改变也是以个体自身的体验、参与和超越来实现的。因此，作为教育目的，普通人完全内在于教育活动过程中，普通人生成、实现的程度就是教育的目的所在，也是教育

---

① ［英国］史蒂文·卢克斯著，朱红文等译：《个人主义：分析与批判》，中国广播电视出版社，1993年，第53页。

的价值所在。所以，普通人教育的价值是内在的，是由教育活动过程中的主体来评价的。其次，普通人教育的内在价值还在于对人和教育的开放性、动态性认识。普通人的存在与发展是逐渐生成的，而且是未完成和不确定的，始终充满着生命的活力，这样，普通人的认定和评价就不是由外部来确定的，而是基于人的自治机制，是自在和自为发展的；促进人发展的教育活动因而是随着普通人的成人历程而不断变革和创新，评价教育是否满足普通人发展的需要只能从教育内在的需要来衡量，所以，教育价值是内在的，是和普通人教育目的的实现程度相一致的。

承认普通人教育的内在价值并不是否认教育具有工具价值，关键是如何认识教育的工具价值。事实上，之所以出现工具价值与内在目的价值的对立，主要是源于分析价值的二元对立方法论。无论是从人的发展还是教育活动的开展来看，没有工具价值对象的参与，内在的理想、目的就没有实现的可能。但是，工具性的教育活动不是相对于外在于教育主体来设计的，而是就普通人教育目的的实现而言的，其工具性界定具有相对性，正如杜威所言，"每一个手段在我们没有做到以前，都是暂时的目的；每一个目的一旦达到，就变成进一步活动的手段。当它标示我们所从事的活动的未来方向时，我们称它为目的；当它标示活动的现在方向时，我们称它为手段"①。所以，从发展的角度理解，工具价值与内在价值的分类只是相对性的，"没有一种价值的分类不是只有暂时的效

①　［美国］约翰·杜威著，王承绪译：《民主主义与教育》，人民教育出版社，2001年第2版，第117页。

度的"①。所以，普通人教育目的观在坚持教育的内在目的价值的同时，也尊重教育之相对性工具价值，从而捍卫教育自身存在与发展的价值尊严，张扬其自治、开放的生成性机制。

2. 普通人教育的个人与社会共生本位论

在教育目的价值取向中，从古至今始终存在着社会本位论与个人本位论之争，即教育目的是以社会存在与发展为本位，还是以个人存在与发展为本位？前者强调教育目的要根据社会需要来确定，个人只是教育加工的材料，以期满足社会发展的需要，从而使社会的价值观念、生活模式得以继承和发展，评价教育成功的标准只能看它是否促进了社会的发展；后者则强调个体是教育发展的目的，社会的进步是为个人的存在和发展服务的，因此，教育必须从人的本性出发，促进学生的个性发展，提高学生个人的价值，评价教育要从是否满足学生充分发展的需要来衡量。造成教育发展史上社会本位论与个人本位论的根源就在于终极者教育目的观，也就是说，总是以静止、二元论的观点来认识人和社会的关系，导致教育目的的价值取向的终极性定位，背离了人和社会的生成性发展历史与现实。

从终极者视角审视，无论是社会本位论还是个人本位论，都是将人与社会对立的二元方法论体现，最终结果是彼此均不能达到预期的教育目的。在社会本位论方面，比较典型的就是柏拉图在

---

① ［美国］约翰·杜威著，王承绪译：《民主主义与教育》，人民教育出版社，2001 年第 2 版，第 262 页。

《理想国》中设计的教育目的，其培养目标完全是按社会的需要来安排的，每个人的发展是定型的，虽然他也考虑了人性的差异，但人性是服从于社会的标准的，是被利用的属性，自身不具有内在的目的性价值。依照柏拉图的理念设计，按社会本位论目标培养出的人才必然能实现其理想国，但历史的发展表明，将社会终极化，进而使人也终极化的教育与社会也只能停留在美好的、终结性的"理想"状态。同样，个人本位论的代表当属卢梭的自然人教育，他对爱弥尔的教育完全基于人的自主、自由的自然天性，这种个人本论的教育正如他自己所言："我们的才能和器官的内在发展，是自然的教育；别人对我们如何利用这种发展，是人的教育；我们对影响我们的事物获得良好的经验，是事物的教育。"①其中，人的教育和物的教育都必须尊重和配合自然的教育，因为，在卢梭眼里，只有人的自然本性才是教育的灵丹妙药，其目的是培养理想的"公民"，来改造腐朽、堕落的现实社会，但其个人本位论的教育最终只能停留于书本层面上。所以，以终极者为教育目的取向的教育实践不仅是无用的，而且是违背人和社会的共生性存在与发展的。

透过人类社会发展的历史不难看出，人和社会的存在与发展是相形共生的，不存在以谁为本位的终极性假设，否则，就是非社会的人或非人的社会，所以，人类的每次进步都是人和社会互动、共生的结晶。人与自然的分离标志着人类第一次解放，确立了人类整个群体的主体地位，即人作为"类"的价值和尊严得以确立；与之相对应的是社会的文明，诸如生产力水平的提高，生

---

① ［法国］卢梭著，李平沤译：《爱弥尔》，商务印书馆，1978 年，第 7 页。

产关系的构建等。文艺复兴变革则拉开了人类第二次自我解放的
序幕，人把自己从神权、皇权的枷锁中解救出来，确立了每个人
作为"这一个"的生命价值和尊严；而此时的社会则开始张扬人
的平等、自由、博爱等价值观，科技发展极大地提高了人们的物
质水平和精神追求，人类社会在理性的引领下不断开拓新的天地。
二十世纪六七十年代以来，人类开始了对个人价值观的反思与重
建，建立在唯理性至上基础上的个人和社会体系面临着一系列的
生存危机，如核战争威胁、环境污染、能源匮乏等，这些问题无
不是在张扬个性、尊重理性的主张下造成的。因此，人们自然就
将反省的对象指向个人主义、理性主义，强调人与自然、社会的
和谐、共生，人与人之间的宽容、理解、关怀，所有这些都揭示
了人类第三次自我解放正在进行中。所以，从人类的历史发展分
析，不存在极端的个人本位论与社会本位论的对立，每个历史时
期都是人与社会共在、共融的反映，只不过彼此存在的价值和机
制不同而已；而那种将个人本位与社会本位对立的认识也只是囿
于二元方法论的视角，并不符合人和社会存在与发展的真实状况。

　　普通人教育目的的价值取向则是超越社会本位论与个人本位
论之争的，这种超越是以突破陈旧的方法论为前提的。在主客对
立的二元方法论看来，个人与社会是对立的，教育目的的价值取
向只能择其一。但是，从当代复杂性、流动的现代性方法论分析，
个人与社会不是简单地以非此即彼的方式存在与发展的，认识个
人与社会的关系必须从人性的视角来理解，人性是在个人与社会
的相互建构和超越中逐渐充实、丰富的，个人和社会实际上是人
存在与发展的正反两面。当我们谈到个人时，指的是社会情景中
的个体；而当我们指社会时，则是指由人组成的有机体。因此，

个人和社会是相互交融的共生体，符号和概念的不同只是为了外在逻辑认识的方便，并不代表可以将他们彼此机械地割裂，更不用说对立。对此，马克思的经典论述为我们提供了充分的佐证："人是社会的存在物。因此，他的生命表现，即使不采用共同的、同他人一起完成的生命表现这种最直接形式，也是社会生活的表现和确证。"① 当然，"选择教育目的的价值取向，不能用那种表面上看起来'全面'，实质上流于肤浅的庸俗辩证法观点看问题，如主张所谓'社会价值'与'个人价值'的协调发展等"②。因为这种庸俗的辩证法方法论依旧是以机械的二元对立为指导的，只不过以中庸的面孔出现而已。

　　由于普通人是从人与社会同一的整体性、复杂性和生成性等一元方法论提出的，因而，其有限性、生成性和共生性属性不仅是人性的表征，也是社会的反映。个人与社会是统一于普通人内涵的，从个人的角度讲，普通人内含了人与人的差异、平等、自治、超越、未完成等充满个体生命的价值和意义；从社会的角度分析，普通人强调平等、不确定、超越、共融等共生社会价值理念。之所以以"普通人"来代表个体与社会的有机统一，是因为，"人"是个体与社会的最大公约，没有人的归属，所谓的个体与社会均不复存在；而"普通"则意味着个体与社会的基本规范，没有普通，个体和社会都将失去生命的活力，走向历史的僵化、死寂。从人类发展历史看，强调普通个体的价值和尊严恰恰是社会进步、文明的体现。从人类社会发展历史来看，平民个人的崛起即普通

---

① 《马克思恩格斯全集（第42卷）》，人民出版社，1965年，第122—123页。
② 王坤庆著：《现代教育哲学》，华中师范大学出版社，1996年，第235页。

个人享有越来越高的价值与尊严是近现代社会发展演进的一个总体趋势，从近代文艺复兴以来，文明的发展走向显示出对个体生命的日益尊重，个人不再被认为是无足轻重的和微不足道的，相反，普通个人被赋予愈来愈多的平等权利，这既是对封建时代遗留下来的贵族等级特权的限制，也是对现代专制政治统治下的法西斯主义、极权主义以及现代生活领域里各种形式的权威主义的反击，所有这些均是上述价值准则被成功应用的结果，也是对该价值准则合法性的见解证明。①

因此，普通人教育目的的价值取向是超越社会本位与个人本位的，这种超越是建立在人性的整体性、复杂性和生成性基础之上的，在未完成和不确定性的超越与建构循环过程中，个体和社会摆脱了唯我中心论的终极束缚，彼此都获得了解放，个体和社会的价值得到尊重和张扬。

3. 普通人的价值与人性规范的内在统一

普通人教育目的价值指向之所以能超越传统的社会本位与个人本位论对立，从价值自身视角分析，普通人价值与其人性规范是统一的，即普通人价值具有本体存在的意义，价值的存在与人性的生成是同步的。也就是说，普通人之所以拥有这些内在的价值，是人作为社会存在的必然选择，而非功利性的外在需要。而终极者教育目的的价值观则是相反的，价值是外在于人及其人性趋向

---

① 夏正江，西方个人本位论的教育目的论辨析：［博士学位论文］，华东师范大学，1998 年 6 月。

的，教育的价值是以满足外在于教育活动的主体需要的，其目的是以他们的需要来规训教育中的人，进而实现终极社会的目的。结果，人性成为被克服的对象，人性自身对价值来说只是利用的材料，以便更好、更经济地达到既定的终极目标。这就必然导致教育目的价值取向中的社会本位与个人本位的对立，结果是以牺牲人性的发展为代价。

作为本体性的存在，"价值的所在地是人类的心灵，而不认为价值的存在是由体验而来的"①。在这里，人类的心灵不是虚无的，而是作为生命体的个人与社会交融的反映，价值深深扎根于人之为人的本体存在中；而人的体验则仅仅是价值的外显，以体现价值之于人的意义。所以，普通人的有限性、生成性和共生性等人性属性与规范，站在主体存在与发展的层面分析，就是人的价值，诸如平等、自主、宽容、关怀、共生等。作为本体存在的普通人价值自然能超越教育目的价值取向的社会本位论与个人本位论之争，使教育的价值取向与人性的发展内在于个体的生成过程中。

从更深层次分析，普通人价值的本体性存在是人类社会进化、发展的必然选择。人类在历史演进的过程中，逐渐认识到，"人具有社会生活的本质和天生的共性，即能经营共同生活，因此，群性是人极为有利的生活方式"②。人的群性或社会性所内含的价值观是人存在和发展的内在规范，是和不断生成的人性相统一的，而

---

① 詹栋梁著：《现代教育哲学》，五南图书出版有限公司，1994年，第552页。

② 詹栋梁著：《现代教育哲学》，五南图书出版有限公司，1994年，第596页。

普通人人性所承载的价值就体现了人类的这种存在与发展的历史趋向。例如，当代社会所张扬的开放、多元、个性、共生等价值理念无不是普通人人性中差异、平等、自治、超越和共生的反映。所以，从价值本体论的视角认识教育目的转型为普通人的合理性就不难看出，教育目的的价值取向是内在于人性之中的，教育的价值就在于促进普通人的发展，除此之外，别无其他。

三、教育机制视角

教育目的转型为普通人的合理性还必须符合教育机制的运行，即普通人教育目的不仅尊重、符合教育机制的运行规律，而且还能激发教育机制的活力，推动教育沿着正确的方向前行。然而，教育机制是一个非常宽泛的概念，它既包括"宏观范畴中的教育活动的发动、控制、约束的社会系统"[1]，也包括微观层面上教育活动过程中教育何以发生，如何发生的原理、规范。我们在论述教育目的转型为普通人的教育自身合理性时，是从教育机制的微观层面来展开的，主要分析教育过程中一些主要构成要素因普通人教育目的的转型而如何推动教育运行的，具体包括普通人人性论与教育的关系，普通人教育目的观下的学生定位，师生共生观的教育机理等。

---

① 王长乐著:《教育机制论》,吉林人民出版社,2001年,第7页。

1. 普通人人性论内含教育的基本规范

不同的教育目的是基于不同的人性假设而确立的，而不同的人性论则潜含着迥异的教育理解。从历史上的各种教育观念看，撇开人性的善恶之分、先天后天之别，在对人性的认识上，主要有两种理解，一种是人性是可以利用的对象，以期达到自己预定的教育目的；一种是尊重、张扬人性，使教育沿着人性的方向前进。前者以赫尔巴特为代表，他虽然特别尊重学生的兴趣、欲望等人性倾向，如在谈到兴趣的重要性时，他认为，"兴趣来源于使人感兴趣的事物和活动。多方面的兴趣产生于这些事物与活动的富源之中。创造这种富源，并把它恰如其分地奉献给儿童乃是教学的任务"[1]。然而，他尊重人性的目的却不是发展它，而是在认识人性的基础上，去利用、控制它，从而实现其最高的道德目的，所以，他认为，"在儿童表现出具有真正意志的迹象之前，其烈性的克服是可以通过强制来实现的，而且为了完全获得成功，这种强制恰恰必须是强有力的，并必须经常重复使用"[2]。这些强制的措施包括"体罚""禁食""关禁闭"等，可见，在赫尔巴特眼中，人性只具有工具的功用，教育的目的是利用、矫正人性，实现人性之外的目标。后者以杜威为代表，他认为儿童天生就具有制造、交际、表现和探索的本能，因此，教育就要"保存儿童的天性，并且正是按照它所指出的

① ［德国］赫尔巴特著，李其龙译：《普通教育学·教育学讲授纲要》，浙江教育出版社，2002年，第51页。
② ［德国］赫尔巴特著，李其龙译：《普通教育学·教育学讲授纲要》，浙江教育出版社，2002年，第51页。

方向，用知识把儿童武装起来"①。由于教育实践是沿着人性的方向前行的，所以，"教育即生长""教育即经验的不断改造"，教育目的是内在于人性发展过程中的，"学校教育的目的在于通过组织保证生长的各种力量，以保证教育得以继续进行"②。

　　在终极者教育目的观视野里，人性是被利用、矫正的对象，教育就是通过对人性的开发以达到终极者的教育目的。人性与教育的这种关系是由终极者对教育目的的设计决定的，在还没有展开教育活动之前，理性就确立了学生通过教育所要达到的目标，而且这种终极性目标在教育活动过程中具有规范、监控和评价的作用，学生所体现的的人性及其发展方向必须以终极者潜含的人性假设为标准，因为终极者的理性无限性、价值无矛盾性和存在非历史性是至上的"完人"形象，是教育所要达成的最佳先验目标，所以，学生真实的、自我的、生成中的人性就成为被驯服的对象。体现在具体教育实践中，终极者教育目的观所倡导的教育有时也尊重学生的兴趣、需要等人性的东西，正如赫尔巴特所主张的那样，这种"尊重"仅仅停留在开发、利用的层次上，其目的不过是"用快乐行贿，引诱儿童注意和努力。这种方法被污蔑为'软的'教学法和'施粥所'的教育理论，这种批评是正确的"③。即调动学生的人性机能，以便更好地灌输终极者的价值观。其结果不

---

　　① ［美国］约翰·杜威著，王承绪译：《民主主义与教育》，人民教育出版社，2001 年第 2 版，第 61 页。

　　② ［美国］约翰·杜威著，王承绪译：《民主主义与教育》，人民教育出版社，2001 年第 2 版，第 59 页。

　　③ ［美国］约翰·杜威著，王承绪译：《民主主义与教育》，人民教育出版社，2001 年第 2 版，第 139 页。

仅不能促进人性的升华，反而限制、压抑人性的发展，以学生的智力发展为例，智能是人性中的重要组成部分，没有智能的参与和创造，人性及人的发展都是一句空话，人就被机械化操纵，而终极者教育目的下的教育就是以限制、扭曲人的智力为前提的，"这种目的之所以限制智力，因为他们是现成的，必须由智力之外的某种权威强加的，留给智力做的事不过是机械地选择手段而已"①。因此，在终极者教育目的观下，包括智力在内的人性发展只是教育利用的对象，而不是教育实践的目的。

普通人教育目的观认为，教育是以促进人性发展为宗旨的，教育的方向就是人性生成的倾向，人性在教育过程中具有内在的目的性价值。普通人人性论与教育关系的改变首先源于认识人性方法论的转型，在普通人视野里，人性没有先天与后天的对立之分，也不存在人性的终极与起点之别，从一元论方法论透视，人性是不断生成的，以整体存在的，始终处于未完成状态中的复杂性生命体现，因而，普通人的人性就是有限的、生成的和共生的，是和教育活动的目标相一致的。普通人人性论与教育活动的内在同一性主要表现在：教育要培养个性鲜明的生命体，人的有限性强调人与人之间的差异、平等，人是在未完成的生命追求中去体现自我尊严和价值的；教育所培养的个体不仅满足于教育过程中的生命活力，这种生命的活力还应一直持续到生命的全过程，而人性的生成性就解释了人的这种生命特征，尤其是人的自治性和超越性内涵，可以将教育过程中获得的人性素养在教育之后不断得

---

① ［美国］约翰·杜威著，王承绪译：《民主主义与教育》，人民教育出版社，2001年第2版，第115页。

以充实、丰富、升华；教育不是要培养超社会的真空人，而应体现人的社会性追求，人性的共在、共融和非同质性等共生追求就保证了学生社会性的生成和发展。教育与人性的关系不仅表现为目标内涵的一致性，而且，更重要的是，教育必须遵循人性的机制才能发挥教育促进人的功能，普通人教育目的才能实现。这是因为，只有尊重人性生成的内在机制，人才能成为教育的目的，不然，人性就处于被利用的地位，失去人之存在与发展的本体论价值；同时，保持教育与人性生成机制的一致性，还能确保教育的成人定位，使教育始终在培养人的轨道上前行。

2. 普通人教育目的观下的学生发展论

学生既是教育活动的对象，也是教育活动的主体，不同的教育目的观必然导致不同的学生论，从而影响教育对学生的理解和认识，进而决定教育活动的机制，以便更好地促进学生的发展。

终极者教育目的观认为，学生是被动、规训的对象，以期培养成为相应的终极者。从终极者教育目的观分析，学生是可塑的，但可塑的程度和目标不取决于学生，而是由外在于学生的终极性理性秩序来安排的；学生发展是被动的、适应的，发展的要求和机制均来自既定的终极性规范，只有学生满足秩序的需要，而不可能存在丰富、创新社会秩序和自我；学生是属于某一类的群体性存在，而非个性鲜明的生命存在体，因为每个学生都是由终极性理性按等级来分类、归属的。学生的这些特点反映到教育上就是前面论述过的"园艺教育观"，学生在教育中是被加工的材料，加工的标准和规格完全由理性的代理人——教师及其他学校管理者决定；教育的过程就是学生向着终极者要求达标的过程，也就是说，学生生命的价值和意义就是去实现自身之外的、由他人规定的一个共性的、终极的人格模型，教育是一个不断规训、教化的过程，而非自主、自由的解放、升华历程。评价教育成功与否的标准就是看是否达到了预期的终极者目标。所以，终极者教育目的观下的学生完全是一个从起点到终点被设计、被决定的角色，教育就是制造"终极者"而非帮助人成长的工厂。

普通人教育目的观对学生的认识是内在于人性的基本规范的，普通人的人性属性与规范下的学生是个性鲜明的、自治的、共生的生命体。首先，学生是个性鲜明的生命体，唯有尊重学生的个性，学生作为人的价值和意义才能实现。个性化的学生是基于人性的有限性认识的，人不是无所不能的"完人"，正是他的未完成性欠缺，奠定了每个生命个体之间的内在差异，这种差异寄托了人不断向前的基因；也正是因为人与人之间的差异，学生才是平等的、共生的，否则，单凭自己的有限性，人是难以立足于大自然而生存的，更不用说构建美好的社会，所以，学生的个性是代表他作为人独立存在的标志。其次，学生拥有自我发展的自治机制，这种自我发展机制在教育上就表现为一种内在的自我教育潜能和追求，自我教育不仅是人类社会的普遍现象，而且体现在每个学生的生命发展过程中，与一般意义上的学习不同，自我教育是以"自我"为认识，调控、改造和发展对象的个人性自主学习活动，自我在个体发展过程中既是学习的主体，又是学习的客体。自我教育主要包括自我发展的意识和自我发展的能力两个方面，就前者而言，"自我发展教育就是要培养和发展学生的自我意识，不仅使学生认识'我是一个怎样的人'，而且还要使学生想'我应该成为怎样的人'"①，即自我是自己学习的主人，体现了人之自主、自由的自治追求。就自我发展的能力而言，是指人的元认知素养水平，学生能根据社会发展的需要、个人的条件、教育背景等进行自我定向、自我运作、自我调节、自我评价和自我激励，进而发展自己的智能、情感、道德等，达到一种自为的学习境界。再者，学生是共生生命体，即学生以与他人共在、共融为存在和发展条件的，否则，就谈不上所谓的"学生"称谓。因此，张扬学生个性、自治性并不会导致他们走向个人主义、虚无主义，他的人性规范决定了其生命中对他人、自然和世界的关怀和理解，其个性的价值和意义是深深扎根于人类共生大地上的。

　　普通人目的观下的学生认识要求教育要尊重学生的生命特征，践行普通人人性规范的教育观。教育要尊重学生的自我学习规范，相信学生能自我管理、自我教育，教师的职责是帮助学生成长，而不是包办学生的一切，因此，教师在教育过程中发挥的是知识和思想"产婆"的作用，而非控制学生生命张扬的"园艺师"。在教学过程中，任何教育目标都应是相对暂时和开放的，由于学生总是处于未完成和不确定的生命状态中，学生发展不能为既定的终极性目的所束缚和压抑。认识教育目标必须从生命的视角来理解，"生命的特征就是绝对的自我享用、创造性活动和目标。这里的'目标'一词显然包含了作为创造性过程的指南而被引入的纯粹思想。享用属于过程，而不是任何静态结果的特征。目标则属

---

　　① 任洁、冯国文，自我发展教育的理论与实践，《教育研究》，2006 第 8 期，第 26 页。

于过程的享用之中"①。所以，教师要科学地认识学生未完成和不确定的教育意义，这里的"未"不仅仅是未成熟的含义，相反，它意味着一种积极的教育价值，即学生是不断生成的个体，教育的价值就在于保持人的生成性，让学生永远充满着生命的活力和生机，为此，目标是生成性的，教育是促进学生的生成，而非既定目标的实现。学生作为共生存在者，需要教育要创造共在、共融的教育条件，满足学生人性的需要，不断提升共生的质量，使学生能自然地从教育中的共生走向社会共生。

3. 师生共生观的教育机理

教育实践证明，无论在哪个学习阶段，良好的师生交往都是教育、教学顺利开展的保证，也是教育发挥其促进社会进步、个体发展功能的基础。师生交往的教育机理在于，由于人的因素，师生关系是不断生成和建构的，内含丰富的教育资源，从促进个体发展的视角分析，这种资源是原生态的，直接以人之生命的姿态呈现在学生学习过程中，是教育发生的重要源泉；师生还是其他教育资源的催生者，无论是教材、教法、校园环境等，一切教育因素必须通过师生并符合师生生命发展规律才能焕发教育的功能，所以，师生具有再生教育资源的功能，是教育活动的重要支柱。然而，不同的师生交往是基于不同的教育理解而确立的，进而会导致不同的教育实践，内含不同的教育机理。

---

① ［英国］怀特海著，韩东辉、李红译：《思想方式》，华夏出版社，1999年，第134页。

终极者教育目的观下的师生是建立在权威等级基础上的控制与被控制的关系，教师是终极社会秩序在教育中的代言人，掌控着知识的选择权、学生的评价权，处于教育强制权威的地位上。学生则是被控制的对象，服从于教师的权威。师生这种严格的等级关系所内含的教育机理就是，教育是单向的灌输、控制过程，教师的职责就是把预定好的知识、价值传输给学生，使每个学生成为其应然的终极者。在这种灌输、控制过程中，教师是以"完人"的形象出现的，永远是真理的占有者和诠释者，学生则始终是幼稚、不成熟的，幼稚和不成熟是无能的表现，需要教师将其培养成终极者意义上的"完人"。在整个教育过程中，教师的知识、能力、道德是一个永恒不变的常数，因为他是理性的代表，而学生则实现了从无知到无限全能的转变，最终成为理想中的终极者，从此，在生命的历程中，其身心不再发生质的改变，因为终极者教育已完成了人之发展的使命。

普通人教育目的强调教育与学生之间的共生关系，这既是人性之共生追求的必然体现，也是教育目的作为教育规范的反映，即普通人教育目的不仅是用来规范学生发展的，更是规范教师行动的指南，师生只有都在普通人的人格假设下，教育才能发生。从普通人视角分析，教师和学生以一种相互依赖的生态方式存在着，彼此是"共生"的。"身份绝非独立存在的现象，而总是通过众多他者的支撑而建构起来的"[1]。教师是在教学实践活动中通过对学生的认识、理解、促进来界定自我、充实自我，进而不断完善教师

---

①　[加拿大]大卫·杰弗里·史密斯著，郭洋生译：《全球化与后现代教育学》，教育科学出版社，2000年，第31页。

角色的。所以，"教师"是一个关系词，是和学生的存在、发展、追求互为表里的，无论教师的专业素养还是人格发展，和学生一样，都内含体现有限性、生成性和共生性的普通人人性特征。

普通人教育目的下的师生共生教育机理可以从教师的职业道德、专业素养和专业权威的发展来审视。就教师的职业道德提高而言，这是和学生在共生教育实践中的道德生成密不可分的。道德源自生命的尊严、自由和升华，职业道德既要来自生命的激发，又要维护、追求生命的意义。较之成人，学生更能体现出人之生命原初的生机和活力——真诚、公正、善良、勇敢、创新等，这些人之"自然恩赐"的品行本身对教师的职业道德具有很好的浸润、净化价值。虽然学生身上有时会存在各种各样的"瑕疵"，但正是这些问题、不足，召唤教师付出更多的关心、责任，向学生询问问题的原因，反思自己教学的缺失，考验并提升自己的职业道德。因而，教师在教育学生的同时，也是受教育者、受益者。面对充满生机和活力的生命个体，面对提升生命价值、意义，引导生命航向的教育事业，教师不得不由衷地敬畏生命、敬畏教育，这种"敬畏"是教师职业道德养成的基础和保证。例如，在教育活动中，从事不同年级教学的教师身上均有学生人性的不同反映，如幼儿园教师大多"纯洁""真诚""活泼""天真"，中小学教师则爱"较真"，有"激情"，"书生意气浓"等，这些都反映了在普通人教育目的规范下师生道德共在、共融的共生必然。

从教师的专业素养发展看，其专业知识、能力等是在和学生平等、共生的教育活动中不断生成和提高的。教师的专业素养主要包括熟悉学科知识，效力于学生学习，负责学生的管理和不断的自我反思等，这是学科素养和教育素养的总和。而学生的兴趣、需要和追求等个性特征决定了教师专业素养的范围、性质和要求。而且作为实践性的教育活动，"教"本身是成长性的，它以吸呐、唤醒、激励学生为指向，其专业素养是在与学生共同进行的教学活动中并接受学生的检验才逐步丰富、完善的。可以说，学生是教师专业素养形成的养料和向导，在持续不断的教学中，学生滋养着教师的专业素养，满足着教师专业水平提高的职业要求。学生对教师专业素养的形成和提高主要通过两条途径来实现。首先，教师对来自教学实践的学生信息，诸如问题、失败、成功等进行接纳、加工、反馈、矫正，不断改进、升华自己的学科知识、教学技能和管理水平等基本专业素养；其次，教师通过认知、反思、评价自己的教学过程、教学结果，形成合理的教师自我效能，进而发展自己的知识观、教学观、评价观和学生观等专业教育理念。

教师的专业权威来自三个方面：第一，是社会和学校赋予教师的身份、地位和权力等法定权威；第二，是教师在教育活动中体现出的"学生第一"服务理念的反映；第三，是社会、家庭和学生对教师专业性活动的伦理学上的信任、寄托，即"教育意义上的权威实质上是一个道义服务的描述词"[1]。但是，无论是外在的法定权威，还是无形的道义权威，都必须把自己放在和学生平等、共生的普通人角色，才能使教师权威产生教育影响，即权威的凝聚力、感召力和渗透力。终极者教育目的下的教师权威是外在的、强制性的，以束缚、控制、占有学生为目的，是教育的手段。作

————————

[1]　[加拿大] 马克斯·范梅南著，李树英译：《教学机智——教育智慧的意蕴》。教育科学出版社，2001年，第93页。

为普通人教育目的下的教师，则应感谢学生为自己的职业发展提供了施展才华、实现自我价值的舞台和活动对象，认识到教师是教育服务的提供者，学生是我们的"上帝"。因此，专业化教师权威源于教育服务：热爱学生、工作负责、求实求真、公正无私、人格高尚，工作中渗透着道德热情，当学生主动接受教师的教育影响时，教师的专业权威就"瓜熟蒂落"，这是学生情不自禁地对教师专业服务的一种奖赏，是学生送给教师的一份尊敬师长、更珍视真理的无价"厚礼"。因而，普通人教育的教师权威是内在于学生心灵的、学生自发的一种教育力量，寄生于师生共享的具体教育情景之中，以沟通、促进学生的发展为目的，是教育手段和目的的有机统一。这样，教师权威不是掌握在教师手中，而是蕴含在学生的心灵深处；权威不是用来左右学生的权力，而是学生对教师教育信念、教育能力的承认、敬重；权威不是让学生感到担忧、恐惧，而是让学生感到可亲、可爱。所以，权威是教师专业服务精神的升华，是教师专业服务之魂浸透学生心灵的映照。

因此，从师生共生的机制分析，普通人教育目的观下的师生交往是遵循差异中的平等、生成中的自主、非同质下的共融原则而促进学生发展的。对此，即使是终极者倡导者的赫尔巴特也作出了自己相对中肯的理解："教师与学生两者，往往不需要第三者的参与，而相互成为伟大的、精选的伙伴。"[1] 教师与学生间的伙伴关系显然应该是平等、共生的教育追求。而现代著名教育家杜威更是从教育效果的角度强调师生平等、共生的教育价值和意义："在

---

① ［德国］赫尔巴特著，李其龙译：《普通教育学·教育学讲授纲要》，浙江教育出版社，2002年，第73页。

这种共同参与的活动中，教师是一个学习者，而学习者，虽然自己不觉得，也是一位教师——总的看来，无论教师或学生愈少意识到自己在那里施教或受教就愈好。"①

<hr />

① ［美国］约翰·杜威著，王承绪译：《民主主义与教育》，人民教育出版社，2001 年第 2 版，第 175 页。

第八章　知识的价值与教育的意义

在教育实践中，知识是一个既普通又神圣的概念。说它普通，是因为每个人都知道，上学就是为了学知识，甚至那句至理名言"知识就是力量"远远超过了读书人知道的范围。而给知识戴上神圣的桂冠，则意味着教育的尊严和学习的高贵，唯有在教育的旅途中，知识的价值才能得到最大程度的张扬；同理，正因为学习的发生，才赋予知识神圣的使命。

一、什么才能被称作知识

信息的发展，互联网的普及，让知识变得不再"高""大""上"，人人都是专家，每个人开始成为知识的诠释者、界定者和拥有者。不管是为了和他人交流，还是自我利用，每个人都可以提出自己的知识观，界定自以为是的知识内涵。但不知大家是否想过，当知识如此普及的社会，我们所说的知识是怎样一步步走来的，获得今天这样的地位，成为每个人腾飞的翅膀，开拓自己的天空？

从最朴素的视角反思知识的源泉、生成，不难发现，知识一直和人类孜孜以求的生活密切相关，是人类自觉的观念产物，方法、技术就是知识的雏形。当然，此时的知识形态也是原始的，只是存在于人们的行为中，以模仿、回忆等方式一代代发扬光大。在相当长的历史时期内，人类作为一个物种的生存始终是摆在每个群体面前的首要问题，个体生命的维护和族群的延续都要靠先人在尝试、探索中去认识、解决，在这个过程中，按我们当下的理性推断，一些被反复证明有效的方法、见解、技术能得以保留、传承下来，获得知识的称号。

虽然这些朴素的知识现在看来是粗浅的、鄙陋的，但它却承载了知识的生命因子。例如，知识是人类认识世界、服务于生活的结晶，其活力就在于生活，只有真正为了人类文明和幸福的知识才是有价值的，才堪称"知识"这一神圣称号。知识是在社会实践中产生的，并且得到实践的检验，才能成为知识，具有传承意义。知识一定是相互交流、探究的，一个人的认识不能成为知识，唯有群体间的相互探索、诘问、实践，得到大家的认可和验证，知识才能脱颖而出。即使到了现在，如果脱离了生活和他人，一个人完全封闭在符号世界里闭门造车，依旧会被知识的殿堂拒之门外。因此，生活是知识的源泉，人类是知识的舵手，幸福是知识的彼岸。

但是，随着人类文明的脚步不断加快，知识的量在发生着翻天覆地的变化，知识和非知识的界限也明朗起来，什么样的认识才是知识，谁有权界定知识开始进入社会的视野？因此，知识不再简单地停留于推动社会进步、改善人们生活的层面，而是人类的等级问题左右着原本纯净、神圣的知识殿堂。这种等级性问题不是张扬知识本然的目的性——推进生活幸福和社会文明，而是将知识当作交易的筹码，实现知识之外的目标，诸如权力、财富、名誉等，因此，"不论现在还是将来，知识为了出售而被生产，为了新的生产中的增值而被消费：它在这两种情形中都是为了交换，它不再以自身为目的，它失去了自己的'使用价值'"。①

在特权社会、等级社会中，知识的拥有者和解释者往往和权力联姻，彼此相互辩护，维护各自的合理性、合法性。文明社会早期，物质的积累孕育了财富的分配，特权阶层从芸芸众生中脱颖而出，垄断了社会的话语权，知识的界定和占有成为其统治地位的标志之一。少数人或集团凭借权力霸占知识，将人类的知识财富据为私有，以证明自己的优越和合理。结果，宫廷、寺庙、教堂成为知识的储藏场所，其专职人员变身为知识的传承者、解释者。由于知识脱离了生活和最普通的大众，知识自身也失去了再生的活力，漫长的中世纪和中国封建社会就是鲜明的例证，知识在此阶段几乎处于停滞阶段，被称为历史上的"黑暗时期"。这一历史给后世以启发，知识本应源于生活，向着人类的幸福，否则，就是窒息知识的生命，阻碍人类的文明，没有人会因此而受益。

对于不被权力者认可的，但却代表人类成就的观念、思想，尤其那些需要在未来一段时间内才能验证、证明的知识，往往遭受悲惨的命运，知识自身被视为异端，其提出者则受到迫害，甚至牺牲宝贵的生命，化身知识和人类进步征程中的丰碑。中世纪的

---

① ［法国］弗朗索瓦·利奥塔尔著，车槿山译：《后现代状况：关于知识的报告》，生活·读书·新知三联书店，1997年，第3页。

哥白尼，当下社会的斯诺登等，无不是为了揭示自然、社会真相，挑战权威而失去自由，甚至生命。由此也不难看出，知识是面向自然、世界和人自身的，是解开迷雾的钥匙，让人觉悟、警醒，走出黑暗，迎接光明。那些害怕、压制盗火者的人或团体担心的是知识或剥夺他们的特权，人们会因此而撕下他们虚伪的面纱，所以，历史上阻碍知识新生的人往往不遗余力地浇灭知识的火光，维护其黑暗的思想。

然而，无论社会制度如何专制，知识之火始终在黑暗中积蓄热能，顽强地抗争着、燃烧着，这是由人这一物种的属性所决定的，即人类的存在是以渴望文明为前提，以不断向前为目标的。冲破黑暗后，知识就以几何级的数量呈现在世人面前，与此同时，人的权利也因此而得以受到尊重和呵护，人类文明的意义也正在于此：每个人的解放和幸福是人类社会进步的标尺，知识的创造就是最主要的标志。所以，在迈向文明社会的旅程中，知识的生成和运用唯有向每个人开放，平等地、自由地分享知识的尊严和财富，知识和每个人才能获得提升和飞跃，实现各自的最大价值。而置身互联网为主导的信息社会，则是人类有史以来最适合知识发展的时代，每个人也因此是最应自由和平等的。

具体到教育，知识的角色则不那么单纯，而是浸透了不同的权力运作和目的追求。知识的海洋是浩瀚无垠的，能进入课堂，成为教育内容的仅仅是知识大海中的几朵浪花。什么样的知识可以进入教育殿堂，主要取决于教育的举办者。一般而言，教育中的知识代表了主政者的价值取向和人才规范，只是这种"代表"随着社会的进步也日渐高明，不再那么直白了。比如科举时代的"四书五经"、法西斯时期的党化内容，都是赤裸裸的举办者的宣言，丝毫没有人类知识文明的光彩。为了更好地灌输主办者的意识形态，教材作为知识的载体是以人类文明的姿态出现的，宣称这些教材内容是学科知识的精华，是客观、中立的，掩盖了教育者的目的，将自私的思想和观念科学化，即使一些反人类、反文明的内容也冠以知识的护身符，捍卫其合理性。

而教育最简单、最原始的初衷就是满足儿童的求知欲，帮助他们实现自我，追求幸福的生活。试想，如果这些孩子接受的是经过伪装的知识，我们的下一代怎么会成为超越自我、开拓创新的新人？因此，教育就不仅是教什么的问题，更关键的是教育要培养什么人的问题，是为谁培养的的问题。知识是向善的，儿童是纯洁的，教育的核心在于教育要走向何方，引领孩子想什么、做什么，这是健康、积极的教育必须回答的问题。历史上，知识虽然有时被亵渎，儿童有时被蒙蔽，但教育的方向总是走向美好的，让知识更神圣，儿童更高贵！

所以，知识不是简单的是与非的问题，其中内含着非知识的权力争夺，谁主宰着知识的界定和诠释，而教育的意义就在于促进学生的独立思考，认清什么是真正的知识，追求什么样的知识，成为什么样的人。

二、当下的知识观

应试教育实践中，知识被异化为考试的对象，以分数的高低来衡量知识的价值、人的意义，这完全扭曲了知识的使命和人的发展。

　　自古以来，"书山有路勤为径，学海无涯苦作舟"，是读书人的座右铭，这既说明知识的广博可以和山、海相比，又描绘了学习需要以勤和苦为代价。虽然只是一种比喻，但现在的学校教育，学生积累的教材及其教辅资料确实可以比作小山，不过，累计的不是知识的量，而是围绕既定的知识所展开的各种训练题目。即使到各地的书店里，卖的最火的也是这些教辅材料，这从中折射了时下人们的知识观。看似引导学生努力学习的目的，实际上掩盖了知识的权力问题，"谁决定知识是什么？谁知道应该是什么？在信息时代，知识的问题比过去任何时候都更是统治的问题"①。所以，知识爆炸、信息聚变时代的所谓学习热情，一定程度上折射了主导者的目的：学习者只需关注学什么，不要问为什么，成为学习的机器而非知识的主人。

　　知识不再以追问、探索、创造为旨归，而是以记忆、验证、巩固为目的，最终化为分数的手段。如此知识观的假设是，这些具体的定理、规律是确定的，学习的目的不是去感受生活、认识世界，而是在符号的王国里反复训练，以期获得高分。因此，出现各种教辅资料，尤其是以模拟训练为代表的考试题目也就不足为怪。题目的价值不是帮助、启发学生如何独立、创新，而是如何面对标准答案能快速地迎合评价，得到认可、赏识。这些如小山、似海洋般的训练题以难、偏、繁为特征，可以打击学习者在知识面前的自信和自尊，让年轻的学习者始终承受着无边的压抑感，唯有勤奋、刻苦才能解脱。

---

　　① ［法国］弗朗索瓦·利奥塔尔著，车槿山译：《后现代状况：关于知识的报告》，生活·读书·新知三联书店，1997 年，第 14 页。

在题海战役中，学生面对的是远离生活和社会的冷冰冰的符号，鲜活的人就一天天被无情的训练消磨掉一切，包括你的身体、情感、理想等。众所周知，知识只有在生活、社会的沃土中才能焕发生机，但应试教育中的倡导者总是抱着一种传统的假设：学生还小，不懂这些知识蕴含的微言大义，先掌握了，将来就能真正理解知识的价值了。基于这种认识，在学习过程中，本应是知识土壤的生活、社会被老师当作影响学生学习的干扰因素而有意识地排斥在外，认为学生在真空的环境中自然能学好知识，教育的作用就在于如何防范生活和社会对知识的渗透以及如何阻止学生的身体、情感、理想融入到学习中来，以反教育、反知识标榜为教育的经典，也是古今中外的一大奇观！

实际上，知识是无辜的，导致知识折磨人的罪魁祸首是人，尤其是那些操纵知识的教育者。知识的价值和活力在于运用它的人如何去尊重知识，焕发知识的力量，但用知识压抑人的教育者则相反，他们不尊重知识的真善美，而是以自己的喜好和目的，任意改编、扭曲知识的本真形象，达到不可告人的反知识、反真理的目的。在应试教育中，知识被迫扮演了一个"替罪羊"的角色，家长、学生总是抱怨学的内容艰深甚至古怪，对知识学习失去兴趣，结果学习成为一种负担、痛苦。事实却是，再抽象的知识，其根源也是来源于生活和社会认识的升华，它本应是学生的生活和社会发展的天然脐带，在两种生活和社会的交流、碰撞中，学生因此而提升自己的生活感悟和社会体验，知识也同时在获得新生，实现自己的时代价值。问题的症结是，机械的、僵化的人的介入压抑了知识的活力，控制了学生的生命，知识和学生都成为教育者的工具。

结果，自古以来获得科学桂冠的知识在当下却倍受屈辱，丧失尊严。表面上看，受学业负担压迫的学子一旦升学、就业，知识就完成它的使命，被使用他们的人抛弃、撕毁，甚至按斤卖掉、烧掉！多么可悲啊！可曾想到，历史上的先哲，为了探求真知、捍卫真理，既有焚书坑儒的不屈，也有火刑拷问的坚贞。深层内，亵渎知识的表现首先是剔除知识的渊源和生成机制，将知识孤零零地呈现在学生面前，给学生一种误区，学知识原来这么痛苦、无趣，真是委屈了知识。事实上，每个知识点、每个原理，都浸透着个人好奇、探索、困惑、磨难、惊喜、飞跃等体现人性的因素和机理；同时，也折射了人类文明前行复杂、曲折、多难的历程。其次，掌握了知识不是去应用、创新，而是反复地训练再训练，训练的方式是各种各样的题目，是比剥离了血肉的知识还单调、无聊的练习题、模拟题，训练的强度之大超出儿童的身心承受力，为此，他们牺牲了睡眠，加深了眼睛的近视度数，如此训练的目的很简单，就是让孩子恶性竞争决定他们命运的分数，哪怕多 0.1 分，孩子也感觉到值！至于通过知识去认识自我、改造社会、创新未来的本然使命则早已烟消云散。

三、为知识而知识的教育

为知识而知识的教育容易让人产生误解，认为是一种不食人间烟火的空中楼阁式教育。其实不然，之所以会产生这种认识，在于人们错误的知识观念，即知识是脱离实践的，是和活生生的生活和社会绝缘的。

正如前面分析的，知识的源泉是生活和社会，知识的归宿也是生活和社会，而且这种生活和社会一定是隶属于具体的人的，如果认识知识的人不能将所谓的知识和自身的生活和社会融为一体，知识和人就都是畸形的，是没有生命力的僵尸。因此，我们说，知识的目的就是知识自身，我们追求的就是为知识而知识的教育。为知识而知识的教育秉承知识人的虔诚，既尊重、捍卫知识的权威和价值，通过知识铺就自我发展和社会进步的征途；又承认知识的有限性，科学认识知识的教育性，"由于知识是来自整体的抽象，因此，所有的知识都是有局限性的。它仅仅是由到目前为止你所学到的东西构成"①。认识到知识的局限性，意味着知识教育的无限可能性，即知识的有限蕴含着潜在的无限性，人的生成和社会的进步就行进在从有限到无限的旅途中，而非被既定的知识束缚和压抑。

为知识而知识的教育尊重人的个性，以培养独立、自由的个体为目标。在知识的世界里，学习者可以摆脱习俗、偏见、权威的束缚，通过对现象和理论的反思和探讨，反思知识的合理性，追问其历史局限，发现新的问题和目标。在这一过程中，学习者体验的是独立思考、自由辩论、平等交流，将自己的生活感悟和社会沉思融入到符号世界里，知识因之而激活历史的价值，个人因此而超越旧我，升华人性。独立、平等、自由既是知识形象的写照，也是学习者身心素养的高贵所在，而为知识而知识的教育恰恰天然地抒写了这一宏伟篇章。

---

① ［英国］戴维·伯姆著，王松涛译：《论对话》，教育科学出版社，2004年，第91页。

为知识而知识的教育是非功利的，但对人的生成来说，又是最势利的。为知识而知识的教育不会被简单的功利主义俘虏，因为它不是以解决眼前的实际问题来实践的，而是从知识自身的视角，审视知识的生成、超越和创新，在知识学习的过程中，受益最大的就是学习者，无论多么深奥的知识，它都是以学习者的认识起点为生长点的，不然，再伟大的理念对不理解它的人来说也是对牛弹琴，这句话不仅是对牛的蔑视，更是对弹琴者的嘲讽。而且为知识而知识的教育充满生命力，和儿童的天性一样，潜力无穷，活力迸发，是大自然最杰出的魅力之花。这是因为，知识是无止境的，它的目标始终是可望而不可及的地平线；儿童是永远追问的，其未来总是在未知的旅途中成长。所以，为知识而知识的教育是服务于儿童的，是儿童的专利；同理，那些以知识为业的从业人员，职业性地浸透着一股儿童的天性：纯真、好奇、探究、超越！

为知识而知识的教育机制在于激活、唤醒生活和社会，因为这里孕育着知识和儿童成长的土壤、水分和阳光。知识是人类追求美好生活和建设文明社会的历史折射，任何知识都承载了其建构者的生活意蕴和社会理念，所以，脱离了生活和社会的知识不仅是空洞的，而且是反知识的教条。儿童的成长同样是扎根于生活和社会的，这里的生活和社会一定是基于儿童这个年龄段的身心发展，而非远大的、空想的"宏伟蓝图"；而且为知识而知识的生活和社会必须是每个儿童所体验和认知的，即这一个儿童的生活和社会在教育中有其不可替代的价值和独立性，他因此而享有平等、自由的尊严。教育实践中，存在知识和儿童所代表的两种不同类型的生活，彼此不断地碰撞、交融，可以实现知识和儿童的双重超越和解放，教育者的责任就是架构、沟通这两种生活和社会的桥梁，让学习者分享人类文明的知识果实，回味、追溯、唤醒历史上的生活旅程和社会家园，进而构建新的生活和社会。因此，为知识而知识的教育实际上是和儿童一起成长的生活实践和社会实验。

　　学习者在为知识而知识的教育过程中，体验、收获的是疑惑、惊奇、兴奋、执着等天人合一的生命乐章。儿童天性中的好奇、追问在为知识而知识的学习中得到尽情地释放，他们不会被压抑，而是仿佛鱼儿畅游大海，在知识的海洋中自由、快乐地享受成长的幸福！在受教育过程中，孩子的任何发现和质疑都会被尊重、呵护，知识不再是僵硬不变的教条，而是随着学习者的情感、意志而焕发人性的活力，展现着它自身承载的人的世界和诉求，儿童就是在这种学习中走进知识，走向自然和社会的。他们忘我地投入知识的探索中，为自己的发现和创造而惊讶和兴奋，为收获师长的肯定和奖赏而自信和自豪！在这里，知识是人的生活、社会，儿童是知识的精灵、天使。教育就是既敬畏知识又呵护儿童的社会实践。

　　而传统的教育则忽视甚至否认儿童学习知识的自主性和创造性，总是认为他们是孩子，不能理解知识的丰富性和深刻性。错误的观念认为，儿童的生活和知识所代表的生活存在巨大的鸿沟，孩子不可能理解，而忘记了生活的主体是人，而儿童和知识的创造者在人的意义上是平等、互惠、共赢的。生成知识的机制和儿童的成长机制天然地互为表里，即都遵循好奇、追问、探索、发现、反思、纠错、升华等历程。因此，传统教育的最大错误在于否认孩子和成人都是人，而且是平等的普通人，只有彼此相互学习，才能充盈你我的生命内涵。尤其对成年人来说，这种尊重、呵护儿童的意识和责任显得更为重要，这不仅是成人道德的要求，更是人这一物种的存在属性，只有平等地对待下一代，人类才能永生不熄，焕发生命的活力。

第九章　教材的教育性

历史上，教材曾经扮演着金科玉律的角色，诸如《圣经》、"四书五经"等，教育就是为这些经典服务的。然而，随着社会的进步，教材不再那么神秘、深奥，而是和其他知识载体一样，成为教育实践过程中普通的材料，教材教育性的关键在于运用教材的人，尤其是教师的教育理念和教学方法。

一、超越知识的教材解读

在孩子眼里，刚刚发下来的课本是新鲜的、神圣的、纯洁的，是自己学校学习的百草园，里面寄托着天真的梦想。然而，作为教材的教科书，在教师和学生还没有运用之前，就已经不是简单的学科知识组合了，而是代表着成人社会的一种人性假设和社会选择。研究表明，"学校里的教科书通过字里行间渗透的'选择性传统'，而成为社会控制的一种模式。教科书把那些社会强势群体的故事上升到经典的高度"[①]。也就是说，教科书看似是知识的组

---

① ［美国］M·阿普尔等主编，侯定凯译:《教科书政治学》，华东师范大学出版社，2005年，第18页。

合，实际上体现的却是社会中人的选择和目的。不同教师对教材的不同解读，就预示着对学生生成什么人的潜在导向，孩子从小就感悟到人的等级性。

学校的教材是以学科、课程来分类的，侧重基础知识和基本技能的介绍和练习，但是，教材中的内容和呈现方式都是经过有目的、有计划地选择和改造的，这体现了选编者的价值观念和意识形态。因此，客观、中立的教材内容和形式只是迎合外界人士的一个漂亮的借口，特定的价值则发挥着真正的、根本性的作用。例如，历史上，为了树立领袖的高尚、伟大，教材编写者就可以罔顾事实，肆意编造表现这类人的故事，让孩子从小耳濡目染，认为伟大、高尚是天生的，给人一种刻板的印象，伟人从小就是道德高尚的、伟大的。而看似无意实则刻意灌输的则是，普通人天生就没有这些美好的品性，需要向伟人学习。问题的恶性在于利用了孩子的天真无邪，亵渎了知识的真善美。

对教材内容和形式的选择与改编首先基于人性的假设，不同的人性观理解，决定了教材的取舍。一种观点认为，孩子不仅是无知的，而且没有能力和意识明辨是非，因此，教材唯有选编那些理想化的内容才能确保孩子不受伤害。在教材的运用过程中，学习者完全顺从教材的价值导向，成为既定价值的验证者和实践者。在此，人是被动、接受、服从的化身，与教材的内容和价值相比，儿童存在和发展的意义就是弘扬教材的知识，人是为教材所代表的团体和价值服务的，儿童的生命价值就在于其工具性。同时，由于教材的统一性和标准化，其答案的唯一性，人被认为是驯化、同一的对象，个性活泼、可爱的儿童通过教材的"沐浴"，成为工具化的标准件。另一种教材观则相反，认为孩子和教材是共同成长的，教材拥抱学习者的同时，儿童也赋予教材新的、独特的生命，其人性假设是，并非只有成年人才是人，儿童只是为成人做准备，儿童和成年人一样，都遗传了人这一物种的天性，包括自主、平等、自由地认识自然和社会，与人交流，独自做出决定等。因此，教材应该尊重并满足学习者的人性要求，要从儿童的身心健康出发，选编教材，促进儿童快乐成长。

同理，不同的社会观决定着教材的选择和运用。任何教材都是特定社会价值理念的折射，代表着不同团体的利益和追求。传统社会中，教材就是社会的宣传单，教育和宣传最大的不同在于思想价值的多元性，而宣传则追求单一思想的终极性和真理性，排斥和否认其他价值观的合理性和合法性。具体到教材，选编者会把教材当作学生学习的唯一来源，选择那些迎合宣传所需要的内容，甚至为了捍卫宣传的正统性，可以编造、歪曲基本的事实，美其名曰：只要价值合理，其他都是次要的。而文明社会的教材，编选者会抱以理解、尊重、宽容的观念去组织教材内容，倡导师生借助教材而了解世界，认识自然和社会，从而培养独立、平等、自主的人。所以，不同的教材实际上反映的是人的不同价值的问题，前者将人等级化，使大部分人从小就学会顺从；后者则强调人人平等，通过开放性教材的研读，养成学生在知识、权威、师长面前的独立、自主、自由意识和能力。

在我国，有一类群体始终被拒绝于教材审定和编写的权力之外，那就是占我国人口基数半壁江山的农民，这既是城乡二元体制的体现，也是传统文化对农耕文化的歧视。近几年，一位流行乐坛的歌手评价另一位原创歌手的歌曲时，认为农民喜欢的歌，不具备什么审美，而拒绝给该原创歌手任何奖项，由此而引起轩然大波。实际上，在教材的权力博弈中，作为人类漫长历史时期的社会创造者——农民一直是被忽视的，甚至麻木到无意识地被歧视，农民及其文化在教材实践中的缺位是理所当然的。即使在西方社会，"农村家长很少能参与对教科书的选择，而且不能参与一般意义上的教育决策过程，这些更加疏远了城乡关系" [1]。其最终后果就是拉大农村孩子在学习过程中对教材的陌生感、距离感，难以在自己的生活背景和教学内容之间建立有效的密切联系，更不用说对农民出身的自豪和骄傲。

此外，影响教材选择的还有一个因素，即经济原因，一些教材决策和编写者会基于个体或团体的诱惑而利欲熏心，违背教育常识而对待教材。一种是政治利益集团通过经济输送而行贿教材决策者和编写者，让那些符合自己价值导向的知识融入教材，成为师生教学的重要内容；另一种就是纯粹的经济归因，编写者或出版者为了经费算计的得利目的，置社会呼声和教育变革而不顾，依旧印刷、出版陈旧的教材，让教育落伍于社会，导致学生被保守、落后的教育内容蒙蔽。

二、传统教育观下的的教材利用

以教科书为中心的教材在传统教育中发挥着不可替代的重要作用，是教育的"圣旨"，师生的一切活动受制于教材。

---

[1] ［美国］M·阿普尔等主编，侯定凯译：《教科书政治学》，华东师范大学出版社，2005 年，第 3 页。

　　传统教育的控制始于教材，通过将教材与现实和历史的生活、社会剥离，灌输单一的教育内容，实现教育的理想目的。首先，教育者让学生相信，历史和现实的生活、社会就是教材所承载的内容，唯有教材描绘的是真实、美好的生活和社会，教材之外的都是虚假、丑陋的，一切判断唯教材是从。其次，拒绝学习者当下的生活和社会介入到教育中，在传统观念里，儿童自己的生活和社会总是被防范和矫正的对象，需要以教材内容为标准，沿着教材导引的价值前行。这样的教育之所以惧怕历史、现实和儿童，是因为在教材之外，有着真实的、丰富的生活和社会景象，世界的多样性、真实性和教育者控制人的初衷是相悖的，这才导致教育者对教材的利用以封闭孩子的身心为前提。然而，无论传统教育怎样防控，鲜活的生活和社会依旧会通过不同的方式走进学生的内心，触发儿童对教材、对教育的质疑和抗拒，尤其当孩子长大独立面对世界时，这一点表现得更加充分，传统教育只是延缓了自己腐朽的速度而已。

　　教材是学生评价的唯一标准，直接左右孩子的成绩，将学生等级化，进而决定其优劣，甚至一生的命运。以教科书为中心的教材所确立的答案是评价师生教学的唯一标准，在既定的时空下，无论教师还是学生，都不能越雷池一步，其目的在于维护教材所代表的价值理念和团体的权威，防止对现实的挑战。为此，在教科书之外，学校和老师会为孩子订购大量围绕教材展开的各种教辅性资料，这些以训练题为核心的册子（基本不能称它们为书籍，不然就是侮辱书的常识性认识），反复地强化练习也都是以巩固教材为目的的，不过训练的结果不是让教材更灵活了，反而让学生以特定模式、方法来解读教材，让教材失去知识的活力和生机，陷入封闭、机械的循环世界中，以符号化的生活和社会阻止历史的脚步，压抑儿童的成长。

传统教材观不仅压抑师生作为人的创造性和生命的追求，而且亵渎知识的尊严，窒息了知识的实践活力。在历史上，知识的使命就是不断生成新的知识，开阔人类的视野，推进社会迈向文明。然而，本本主义至上的传统教材观由于固守自己划定的知识藩篱，认为自己是真理的诠释者，已经到达了真理的彼岸，人们的任何质疑和探索都是多余和浪费，这无形中就浇灭了师生发现、探究新知的欲望之火，每天陷入繁杂、机械的验证性循环中。对知识来说，这是对冠以知识内容的一种侮辱，因为知识时刻因人的唤醒而充满着生命的活力，但传统教材观却无视、否认这一基本常识，在排斥其他知识体系、思想观念的同时，也让自己刻意弘扬的知识系统丧失"知识"身份和尊严，成为知识发展史和人类文明史的笑柄。当然，传统教材观之于知识也有积极的意义，那就是警醒后人，知识是开放的、生成的、没有止境的，反之，则是对知识的亵渎，对儿童的戕害！

三、如何激发教材的教育性

教材具有教育性在于它是为知识而知识的，不能有育人之外的功利性的目的，为此，教育性的教材应是理性美和人性美的结晶。教材是人类文明成果中的精华，是人类探索自然、构建社会、追求美好生活的历史写照，浸透着人的理性美。师生沉浸其中，感悟、体验的是人类的智慧和真理，捍卫的是生活的美好和幸福，敬畏的是社会的正义和向善。在理性的光环下，儿童耳濡目染的是积极向上的阳光、雨露，这既是教育这一社会实践的基本要求，也是人类进化的伦理底线，不能让那些背离真理、亵渎正义的"大道"玷污幼小的心灵，否则，就不仅仅是欺骗，更是作恶，是对人类的犯罪。人性美则是教材的专利，因为教材是面向特定的读者——学生的，必须尊重学生的身心特点，尤其是他们的认知特征，所以，教材的编排、组织、设计等形式和内容都需要从儿童学习的需要出发，使教材成为学习者的高级玩具，与孩子为伴，为教育服务。理性美和人性美的教材是教育的山泉，源源不断地滋润着孩子纯净的心灵，呵护着他们汇入江河，奔向大海。

激活教材的教育性，首先要思考的是培养什么样的人。因此，问题的关键不在于教材如何，而是运用教材的人。按照传统的观点，要培养接受、适应、服从的人，无论什么样的教材，都要以本本为中心，不允许有任何超越教材的方法和思想，人是为教材服务的，以证明教材的超时空性、永恒性和万能性，即所有可能和现实的构想都已在教材中先验地存在了，学生的奇思妙想越多，越证明教材的神圣性。反之，如果培养的是平等、自主、自由的独立个体，那么，教材的价值就在于它是师生活动的一个材料而已，其存在的意义是启发学生思考，牺牲自己的"真理性"，供学生肢解、反思、批判、超越，进而创新，构建出新的观念和思想。如果教材有灵性，其最大的幸福来源于学生对自己的质疑、否定和超越，也就是说，教材存在的目的就是供师生消费的，而不是和传统教育观那样，教材是让人顶礼膜拜的。

以教材存在的问题为例，假设教材的内容和形式是错误或歧义的，偏离基本的常识和认识的，以顺从者为教育目的的教材观就会唯教材是从，哪怕师生明知教材的错误性，也会将错就错，否则，挑战的不仅是教材，更是支撑教材的权威、制度、思想；相反，培养独立人格的教材观，则会将问题教材当作一次绝佳的教育契机，教师会引导学生质疑教材，反思其问题症结，寻求突破之道，从而建立自己的观念和理想，如此，学生反而"因祸得福"，获得了一次真正的锻炼机会，让自己由此成长、成熟。因此，培养什么样的人是激发教材教育性的灵魂。

基于人生成、自主、独立的视角，教材的教育性表现为尊重学生作为自由人的实践来展开的。在学生的原初认知中，教材不仅是经典，更是教育的象征，所有的学习活动都是围绕教材展开的，而教师的作用就是和学生一起，打破他们这种固有的观念，成为摆脱教材束缚的人。为此，学生需要以人的完整形象和独立人格面对教材，凭自己的认知和情感去感受、阅读、探究教材，让教材化为自己成长的沃土，唤醒每个儿童的生命潜能，在教师的滋润、呵护下茁壮成长。

首先，教材是知识的载体，教师引导学生独立思考教材中的具体内容，尤其结合学生自己的生活体验和社会经验，反思教材的合理性和局限性，让自己的生活和社会理解有机融入教材，进而成为自己知识观的一部分，实现了对教材的超越，教材的价值才真正发挥出来，学生体会到教材的价值是为人的发展服务，而不是静止地要求人去服从，一个独立、自主、平等的新人自然卓然而立。试想，曾经奉为神明的知识、教材都可以和同学、老师一起交流、探讨，提出不同的见解，构建不同的观念，还有什么权威、习俗、理论不能质疑、超越？所以，平等、独立、自主不是空的，更不是被赋予的，而是自我参与、争取获得的，是持久的、浸入骨髓的，成为个体身心的细胞。

其次，教材是师生互相了解、学习的土壤，通过教材，学生才能认识到什么是真正的教师——教育者。一般而言，学生先验地畏惧老师，不仅是制度、文化的结果，还有年龄上先天的不平等，而真正的教育工作者就是在教材的认知过程中，让自己也成为学生教材的一部分，帮助孩子自主、独立。教师是儿童在学校里接触的成人的代表，不仅年龄是成人，教师的言谈举止也是成人文化、思想的代表，因此，在解读教材的过程中，学生同时也在借助教材而解读老师，只有教师成为学生质疑、挑战、超越的一部分，教材的作用才能发挥到极致，教师的教育职责才称得上令学生满意，这也是教材教育性的重要组成部分所在。这是因为，毕竟教材是符号化的、理论化的，教师则是人的标志——成人社会的真实存在，唯有教师化作教育性的教材，学生走向社会后，才能真正体会到独立、自主、平等的生命意义。

第十章　生命存在和发展的学习观

"头悬梁，锥刺股"一直是古代读书人的座右铭，是勤奋学习的榜样，其中蕴含着学习的付出和艰辛，乃至于肉体的痛苦。学习何以这样残忍，其目的如何？真正的学习又是什么，其于人的价值和意义何在？

一、勤奋学习的"合理性"

自古以来，勤奋学习就是人们津津乐道的一种美德，而非学习方法，受到世人的褒奖。即使在应试教育崇尚分数、成绩的今天，如果考试差但学习努力，同样会得到赞扬，同样是大家学习的榜样。至于学习的方法是否得当，学习的目的是否合理，则是次要的问题。将学习视为一种美德，到底在欣赏什么、赞美什么呢？

表面上看，作为一种美德，勤奋学习体现为认真的状态和程度，是学习者的楷模。诸如废寝忘食、闻鸡起舞、凿壁偷光等都是对勤奋的描述，一句话，都是超越常人的表现，哪怕远离童年、伤害身心，只要是学习得忘我投入，就是值得赞赏的美德。而深层里面，社会之所以把学习作为一种美德来提倡，在于勤奋学习对学习内容和学习目的的认可，学习者努力的方向是掌握那些知识、思想，然后去验证、实践，而非对其质疑、批判和创新，因此，学习的目的决定了勤奋的合理性和道德性。不然，如果学习的内容为成人社会所不齿，再努力地学习，也会被视为大逆不道，遭到否定和批判。这种道德对内就是传统的修身养性，对外则是齐家治国平天下，这也是亘古以来统治者号召好好学习的秘密所在。

学习的道德评价首先来自对人性的假设。传统学习观认为，儿童成长总是以身体的磨难付出为代价的，因为人的精神意义远远高于肉体，或者说，肉体仅仅是精神的载体，是为精神服务的，所以，只有肉体经历浴火，人才能获得新生，以至孟子云："故天将降大任于斯人也，必先苦其心志，劳其筋骨，饿其体肤，空乏其身，行拂乱其所为，所以动心忍性，曾益其所不能。"其本质在于，为了所谓的宏伟蓝图，压抑儿童的天性，背离基本的生理特点和需求，努力学习。而且这种学习是以接受、揣摩、迎合经典的微言大义为导向的，否认个人独特的认识和创造，成为符合外在规范和标准的"小大人"。

其次是对儿童与成年人价值的认知，以证明儿童承受身心痛苦的合理性。在牺牲儿童身心健康者眼里，童年期只不过是人生的一个过渡期，人的标准和价值是以成人为尺度来衡量的，也就是说，儿童尚不是真正意义上的人，是为成为人——成人做准备的一个阶段。因此，在学习阶段，让孩子饱尝学习的艰辛是成长的常态，经历身心的折磨、煎熬也是必然的，而且是合乎经济法则的，值得去忍受各种学习过程中的身心付出。以当下的身心伤害换来未来的目标和理想正是成人的交易法则，尤其当学生懵懂无知时，更说明我们的学习观用心太深。

　　努力学习的结果就是按学习成绩获得人上人的等级性奖赏，而非成为独立、自主、平等的自我。学生之所以忘我地勤奋学习，还在于一个规则，即教师乃至成人社会会根据成绩来评定一个人的优劣，这种等级性评价被认为是最公平的，特别是在社会不平等的现实面前，底层子弟把分数平等看作统治者的恩赐，自然感激涕零的同时就是努力学习，而忘记了去通过教育反思这种不平等的现实。结果就是，在客观、中立的分数面前，"表面的机会均等实现得越好，学校就越可以使所有的合法外衣服务于特权的合法化"①。当学生越勤奋学习时，反而越陷入成人社会精心设计的圈套，更失去了人之为人的独立思考和超越；越勤奋，越远离人的本性，越不会学习。

　　然而，现代的学习观则拒绝这种人性和人的假设。学习是人存在的本然属性，是人性的具体体现，人之所以终生需要不断学习，就在于人始终是一种有限性存在的物种，有限的存在渴望无限的追求，焕发学习的本能。人生成的机制来源于学习，在彼此的共生环境中实现学习。可以说学习是人之为人的标志性属性。作为学习性物种，人永远在学习的旅途中，因而，其存在的每个人生阶段，甚至每一秒都散发着人性的色彩，昭示着人的尊严和神圣，儿童和成人一样，都是构成人不可分割的黄金阶段，展示着人性和人的不同内涵，缺少任何时期的独立性价值和意义，个体都是畸形、异化的人生。

---

　　① ［法国］P·布迪厄，J·帕斯隆著，邢克超译：《继承人——大学生与文化》，商务印书馆，2002年，第31页。

二、存在与发展视野下的学习认识

与传统教育观把学习当作获得成绩、晋升功名的手段不同，从人的视角解析，时代赋予学习新的内涵，即学习是人之存在和发展的生命写照。

人是一种学习性存在，这是人区别于其他物种的决定性选择。和其他物种相比，刚出生时，人是身心最脆弱的动物，依赖性最强，有限性最突出，但人最神奇和最伟大的属性——学习，导致人最终可以独立、自主，驾驭自然和世界。学习不仅是与生俱来的天性，更是人的后天智慧象征。作为学习者，预示着人是有限性的生命体，通过学习，展现有限的可贵和无限的可能；作为学习者，人一直是不断生成的，没有人是静止不动的，人与人因为学习的属性而变得平等，独立，彼此都是拥有生命尊严的普通人；作为学习者，人是一种共生的精灵，合作、共赢是人的社会属性，每个个体在共生的环境中都平等相处、相互激励，进而共建文明。

学习还是人发展的同义词，也就是说，所谓人的发展，就是指人的学习，反之亦然。学习不是教育阶段的专利，和终身教育一样，学习也是终身的，人生的每个时期都处在学习的过程中，无论是生活还是工作，学习是我们每天的乐章，它引导我们反思困惑，解决问题，生发创意，迎接新生。当我们说不断发展时，实际上强调的是我们正在学习，没有学习，就不存在发展，学习是发展的机制所在。人生历程中，学习既是发展的手段，也是发展的目的。作为手段，学习促进发展，提升人的生命质量和社会文明；作为目的，学习型的人才是真正的发展，生命的价值和尊严就在于学习，因为学习意味着生命的活力和生机。

作为人之存在与发展的学习，代表着人对自然、世界和他人的一种谦逊态度。向自然学习，一方面表明，作为人类家园的自然是神秘、复杂的，在大自然面前，人必须秉承一种敬畏的态度，走进自然，了解自然，和自然和谐共生，不然，所谓的人定胜天终究会再受到自然的惩罚，当前全球性的生态灾难就是对人类狂妄自大的一个报复。向世界和他人学习，就是承认每个个体、团体、民族、国家的有限性，人是在和世界、他人的平等、自由交往中生成自我的，每个人都是你所处的世界和他人的全息写照，唯有如此，人与人、国家与国家、民族与民族，才是平等、普通、独立的，进而拥有人和群体的尊严和意义。否则，企图占有他人和世界，最终毁灭的是自己的发展之路，在封闭的自我世界中走向死寂。

从存在和发展的视角审视，学习是个体独立与自由的必由之路。每个人在成长的过程中，难免面临着习俗、权威、规范等既定文化的制约，时刻遭遇被传统同化的危险，而摆脱这一宿命的唯一途径就是不断地学习，认清压抑者的目的、机制所在，探究新知、突破束缚、生成新我，这都是在学习过程中实现的，进而成为独立、自主的自我。学习是没有止境的，直至消失在神秘的地平线上。因此，人类最大的自由就在于学习，通过学习，人不仅认识到自己的局限，开拓出更广阔的自由潜能和空间；而且发现外在的世界永远没有尽头，其魅力就在对于对未知的追问而非理想的实现，因为到达理想的彼岸后又发现新的乌托邦，如此循环往复。这样，学习既启动了自由的发动机，又培育了自由的处女地。

不难看出，作为人类存在和发展机理的学习，不仅表现为人的生活方式，而且还是人的社会实践。从生活方式来看，无论是与他人交往还是自我娱乐，生活中的方方面面都是以学习的展开为契机的，并通过学习而不断提升生活的品质，从具体的家庭琐事到外出购物、游玩，无不是凭借学习而增加生活的乐趣，丰富生活的内涵。反之，如果没有学习，生活就日趋变得单调，乏味，失去生机和活力。社会实践也是如此，正是学习，激发社会的活力，促进社会的进步；如果凡事因循守旧，停留于简单的复制和强化，社会就会陷入一种再生产的恶性循环，其结果就是反历史的后退，被时代淘汰。

因此，超越考试手段的学习观是以人的存在和发展为起点的，以个体的生活和社会为半径来勾勒自己丰富的人生历程的。

三、学会学习的教育

站在人之存在和发展的视角，学习不再停留于学校书本知识的接受、练习和考试，首先是个体成长的生命体验和历程。传统学习观认为，学生作为人的身心都要为书本知识的学习服务，因而束缚、压抑孩子的身体和思想，处处防范他们，诸如从幼儿园开始坐姿要端正，遵守纪律等，以表明学习、考试的重要性和唯一性。事实上，即使书本知识的学习和考试，也是儿童成长的一部分，学习的过程和目的都是学生生命的绽放。因此，作为人之存在和发展的方式和目的，学生的学习必须超越书本知识和机械的考试，而应以儿童的生命素材为具体内容，焕发书本知识和考试的教育活力，激发儿童的生命萌发，不然，既牺牲学生的生命本真，又异化学习的本质，违背教育的常识。

人是学习的起点和归宿，因此，学习意味着对自我的反思和对外界的探究。儿童从小就充满着对自我和外界的好奇和追问，诸如像"我从哪里来""为什么这样"等哲理性的问题，是对存在、认识和实践的追问和探索，证明学习不是外在于人的，而是人自身成长的一部分，是人的种属性；那种导致将学习视为负担和痛苦的认识是歪曲学习和误解儿童的苦果，是反学习的。所以，学习是由内而外的生命体现，或者说，生命的魅力就在于学习。学习收获的不仅是具体的知识和技能，更多的是潜移默化的、缄默的个性化经验和品性，是不可名状和言表的，但积淀在儿童的成长脚步中。学习和人的生命一样，虽然有时妥协甚至后退，但它的基调是不断向前的，超越和新生始终是学习的主旋律。而且乐曲的主人一定是学生自己，不然，控制、压抑生命的学习就是训练，是非人的工具性操作，因为学习浸透着生命的尊严和追求。

所以，生活和社会是学习发生的土壤，教师则像水和阳光，滋润、呵护着儿童健康成长。这就要求教师要立足于生活和社会来促进学生学习，正如前面论述的，知识、教材首先是生活和社会的写照，而不是生硬的符号世界。为此，教育要引导学生认识符号、理论背后的生活、社会场景和历史，并对接当下的生活和社会，在生活和社会中启发学生的认知、情感和道德，让孩子自由地成长。而且儿童自身的生活和社会观应该成为教育的重心，而不是机械地灌输所谓"美好的"但不符合他们身心特点的理想型的生活和社会，唯有儿童自己的生活体验和社会建构，才能激活符号和理论背后的鲜活世界，进而构建面向未来的，属于新人的生活和社会！那种认为儿童生活和社会幼稚甚至荒谬的论调要么是无视他们的身心规律，要么就是别有用心，不敢面对朝气蓬勃的儿童世界！

　　学习的目的是学会学习，成为独立、平等、自主的人。教材及其具体的知识、技能仅仅是学习的材料，学习的目的是在认知这些内容的过程中，丰富、深化、创新儿童的生活和社会，即作为人的存在和发展的水平，最终表现为学习的自觉和超越，所以，学会学习是学习的目的。不然，充满个性的生命就会成为僵化的符号或理论的牺牲品。同时，只有学会学习，才能让学习焕发活力。学习过程中，每个儿童是从自己的生活和社会，以自己个性化的方式去认识自己和外面的世界，彼此是平等、独立、自主的个体。也唯有独立、平等、自主，作为群体的物种，学习才能激活人类的最大潜能。这是因为，如果将学习等级化、封闭化、灌输化，学习就失去了生命，人自然就沦为知识、权威、规范的工具。也只有在学习中，人才能体味、享受非功利的、以人为目的的教育快乐，一旦走进社会等非教育领域，都或多或少地以既定的功利主义为导向，人时刻面临被利用而工具化的境地。所以，成为平等、独立、自主的普通人既是教育的专利，也是社会的必然选择——教育就是充满人类理想寄托的精神家园。

　　学会学习的教育要求我们要理性对待儿童成长中的"出格"行为，用人之存在和发展的视角反思，这些出格行为正是孩子情不自禁学习之花的绽放。曾几何时，孩子这些行为被视为教训的对象：顶撞师长，课堂吵闹，答案荒唐，书写混乱等。按照传统的规范，这些行为都是和学校要求的标准格格不入的，需要矫正和惩罚，甚至付诸体罚。但站在孩子成长的角度，之所以会做出这些出格的言行，是他们的生活和社会观与成人观念冲突的结果，教师理应尊重这些问题的合理性，这里的"尊重"并不意味着纵容，而是这些行为代表着他们在成长，是学习和教育的契机，试想，如果儿童不犯这些错误，还是孩子吗？还需要教师和教育吗？所以，教师的责任是尊重其合理性，然后从生活和社会的视角促进学生自觉地反思、认知、承担，学习会做一个自主、自由、负责的人。

所以，作为普通人，学习不仅是一种手段，更是人的一种目的性存在。学习是为了生成普通人，普通人的灵魂体现为富有生命力的学习。

第十一章　方法论审视下的教学方法

教育的使命是通过教师的教学方法来实现的，但是，教学方法又不仅仅是简单的方式、技术的组合和运用，方法自身就包含着教育者及其社会组织对人和社会的假设和价值导向。因此，专业化的教师要自觉地认识教学方法的教育性，超越传统的教与学，让学生成为独立、平等、自主的普通人。

一、教学方法蕴含的人性假设

不同的教师会选择迥异的教学方法，除了受制于教学内容和考评要求之外，最主要的是教师所选择的教学方法所蕴含的人性假设，进而体现为对人的存在和发展的认识。

传统教育比较专注的是灌输性教学方法，认为它能很好地贯彻专制的教育理念，培养为自己的团体或阶层服务的顺从者、执行者。其对人性的假设：人是一种被动的接受性物种，是他治的对象，没有自我管理的意识和能力，并且热衷于机械地记忆和训练；由于大部分人需要他治，那么，就有一部分人是专门管理他人的、高人一等的，因而，人性又是分等级的，即先天地分为"治人"者和"治于人"者。这种僵化的等级界定表明人的发展是确定的、被决定的，而非生成、不确定的，即学生的发展是被先验地设计好的，按既定的模式和程序进行定向培训，达到社会的预期目标。基于人性的他治、等级、决定论认识，灌输性教学才被赋予"填鸭式"教育的"美誉"。更为严重的是，"灌输教育麻痹、抑制创造力，而提问式教育却不断地揭示现实。前者试图维持意识的淹没状态；后者则尽力让意识脱颖而出，并对现实进行批判性的干预"①。所以，丧失创造力是灌输教育对儿童的致命一击，窒息的不仅是人的生命活力，而且还压抑了社会的自我创生机制。因此，一方面倡导教育要培养创新性人才，一方面又竭力践行灌输式教学，其中的诡异世人皆知。

具体到教师的灌输性教学实践，从教学的内容、方法的选择和学生评价等，完全是教师及其成人社会的决定，学生的学习只是满足于复制、强化教师的灌输而已。教师之所以在教学中成为专制的独裁，在于他对学生的认识，学生是幼稚和无知的，对于要学习的高深知识，他们只有认真听讲、反复训练，才能掌握和运用；而且学习的这些知识是毋庸置疑的真理，学生没有资格和权利质疑，更不用说去超越，因为这些知识所代表的生活和社会被教导为是完美无缺的，他们照章接受、践行即可。因而，在灌输性教学过程中，学生面对的是教师的权威、知识的至善，作为活生生的青少年，则永远是服从的、被动的。

---

① ［巴西］保罗·弗莱雷著，顾建新等译：《被压迫者教育学》，华东师范大学出版社，2001年，第32页。

反之，启发性教学则将儿童的自主、自由发展作为人性的基本假设，教学的目的是促进学生发展，教师发挥的是唤醒、点燃的作用，帮助孩子沿着自己选择的道路前行。在启发性教学方法的假设中，儿童的发展永远充满着不确定性，其生命的魅力就在于未知和生成，正是因为人的不确定性和生成性，儿童的命运才是不能被决定和塑造的，不然，就是对生命之神圣与高贵的冒犯和亵渎。而主宰儿童生命的是他自己，每个人都是他自己的主人，即人的自主性。同时，人还是自由的，自由，不仅意味着发展的空间是没有止境的，体现每个生命的无限潜能；而且发展的属性也是自由的，彰显着个体的生命尊严。由于生命的自主、自由发展，人与人是平等的共生体，其平等的坐标或基石就是作为生命的独立和自主。自主、平等、自由的人性论预示着未来的世界是属于儿童的，而不是既定世界的简单复制，生活、社会和人一起行进在文明的旅途中。

在教育实践中，运用启发性教学法就要秉承知识、学生和教师共同成长的理念。教学内容不再是学生膜拜的"经典"，而是助推学生反思、批判、建构的材料；而且这种材料也不是纯粹的符号世界，而是和其所折射的生活、社会场景与理念呈现在师生面前，接受人的"鉴定"和"审判"。学习的目的不只是既定文化的继承和传播，更重要的是为新文化的诞生生成新人，所以，学生的成长是启发性教学方法唯一的、终极的目的。为此，启发性教学方法倡导教师的"火箭"角色，即教师的作用是帮助学生认识自我，发现问题，找准方向，让他们在知识和人生的太空自由地翱翔。教师的工作重心是了解、尊重学生的身心，启发、激励其学习的动机和愿望，用学科知识、生活常识和社会发展点燃儿童的求知、探究之心。

　　具体到讲授、讨论、实验、报告等教学方式，它们不是被某一类教学方法垄断，而是受教师方法认识的人性假设所制约。因此，不能一想到讲授法就认为是灌输式教学，而讨论法就是启发式教学，关键是支撑具体方法的教育理念。例如，如果讲授法是从学生的身心水平出发，尊重儿童的认知心理和探究欲望，讲授的目的不只是希望学生能理解所讲的知识、技能，更重要的是通过讲授启发学生对新知识的追问和探索，进而构建超越旧知的新思想、新世界，那么这种讲授法就是启发导向的，类似于有意义学习的教学观；反之，如果讨论的目的是验证既定知识的合理性，压抑学生的个性化认识，否定学生在讨论过程中的新见解、新观念，讨论法就是灌输教学法的一个工具罢了。因此，任何方法都不是客观的中立性应用，而是运用方法的人的价值体现和目的追求。

二、教学方法蕴含的技术哲学

　　纵观人类文明史，任何技术、方法的进步都折射了对人的解放和社会思想的超越，具体到教学方法的演进，也不例外。

　　从技术发展的视角透视教育方法的变革，内含着教育革命的推进和文明。造纸术和印刷术可以说是技术含量发生巨变的发明，其对教育观念的影响首先是受教育者群体的扩大和普及，让受教育成为大多数人的权利，人们开始摆脱宗教、官府和教师对知识的控制与垄断，普通人借助造纸术和印刷术能够直接阅读、交流，技术进步自身不仅解放了普通民众，让教育成为提升普通人生活质量和生命尊严的重要途径，而且还解放了教师，将教育者从机械地讲解、记诵中解放出来，而将重心放在了解学生、尊重学生，和学生一起成长的教育实践中来。由此，人不仅仅是知识继承者和传播者的主体，而且开始成为教育的中心，尊重学生才能成为可能。

而以声、光、电、像为代表的现代教育技术的开发和运用则又将教育提高到一个新的历史高度，教师和学生的主体地位得以发生颠覆性的革命。早在无声电影、幻灯片等初期现代技术开始引入教育领域时，伟大的科学家爱因斯坦曾经预言，在不久的将来，教师这一职业即将消失。然而，我们的科学家这次的预言没等兑现，反而进一步强化了教师的重要性，证明教育是人的事业，任何技术的进步和引进都是为人服务的，以期张扬人的潜能和尊严，促进教育满足人发展需要的宗旨。

但是，以多媒体教学为代表的教育技术却引发了教育实践中人的危机，甚至出现教育技术的异化现象，压抑、窒息了教师和学生的教育创造。诸如 PPT 课堂崇尚工具理性，唯技术是从，以至课堂变成了信息技术的完美展示：教学重难点，清晰的教学内容，形象的补充资料，精美的练习演示，筛选的课后作业等。教师化身放映员，学生成了聚精会神的观众，教学的问题意识、探讨空间、解答的悬疑、交流的共鸣等充满研究性的教学场景不见了，教师和学生彻底被技术客体化、对象化，人反而成为服务于技术的工具。"通过网络传播的大纲及其他无数教学辅助，构成了许多大学生学习生涯的主要食谱。学生常常不是被希望去研究（study），而是去学习（learn），因此，学习者的智力水平限于吸收信息和获得技能"①。这表明，信息的价值高于人的价值，师生的质疑、主见反而成为信息技术、程序的"干扰者"。技术本应是解放人的，结果人却被技术俘虏了，成为技术异化的对象，失去人的生命活力和价值。

因此，站在技术哲学层面反思，包括多媒体在内的任何教育技术，都有其技术限度，如此，技术才能发挥其功能，激发教育的活力。教育技术的进步性是毋庸置疑的，尤其是多媒体技术运用中的直观性、形象性、及时性、反馈性等特点，受到了师生的欢迎，却也同时面临着同化师生的危险。所以，教育技术必须合理认识其在教学过程中的限度，才能实现其价值。始终服务于人、服务于教育是现代教育技术的生命源泉，利用技术的优势，减轻师生的重复性、繁杂性劳动，例如在查询资料、呈现信息等方面，教育技术就具有人所难以企及的效率。同时，从事务性劳作中解放出来的教师和学生，还要激活教育技术的另一种功能，即深化师生的主体价值和生命尊严，让技术为多元、个性的人服务，通过信息技术，知识不再被权威垄断，师生交流不再被时空限制，师生借助技术的翅膀，最大程度地在人性的教育乐园飞舞！

三、超越教与学的方法论

如果说方法是具体方式、技术和模式的集合，而方法论则是对

---

① ［英国］弗兰克·富里迪著，戴从容译：《知识分子都到哪里去了》，江苏人民出版社，2005 年，第 105 页。

方法所蕴含的人、自然和社会的反思，以及方法选择和运用者的价值追求。因此，教师需要从方法论视角审视教学方法，超越传统的教和学，从而生成普通人。

传统教学方法所关注的"教什么"和"学什么"以及怎样"教"和"学"，往往聚焦于教材所传授的知识或技能，而忽略了方法、教材自身所承载的生活、社会、自然观念等方面的内容和影响。教学方法也是教师自主选择和运用的，但局限于外在的教学管理和业绩考核，无视教学方法对儿童潜移默化的生命浸润。结果，教学方法在教学实践中模式化、机械化，成为不需要思考和反思的自动化机器，延续应试教育的生命。其症结在于无论是教学方法自身还是运用方法的教师，都失去了人之生命的激活，导致方法没有活力，教育缺乏生机，人被异化。

超越传统的教与学，教师要了解和认识各种方法产生、完善的历史，尤其是具体方法赖以存在和发展的社会背景和人性假设，让自己成为有意识、自觉的方法论实践者。教师如果对方法的人性假设和社会构建没有自主性意识和能力，容易跌入方法主义的陷阱，事倍功半。首先是唯方法是从，将方法客观化、中立化，不能焕发方法所反映的生活和社会内涵，无视所探究的知识、技能在生活和社会层面有机衔接，从而降低教学方法的教育效果，使师生陷入空洞的符号化、理论化教学中。其次是教学方法自身对学生思想、价值观念的束缚，由于教师缺乏对教学方法的"警觉"，长期无意识的教学方法熏陶，就会导致潜意识地左右学生的生活、社会。所以，超越传统的教与学，教师要树立方法论意识，从方法论的高度选择和运用教学方法，全方位服务学生的发展。

教学方法的神奇在于将沉睡的世界唤醒，焕发学生的欲望、激情和意志，让师生在课堂、校园演绎和谐、共生的教育之洪钟大吕。以方法论选择和运用教学方法就是赋予方法人的灵性和生命，进而和学生的生活、生命对话、共鸣。教材是学生认知的宝藏，因教学方法的点播，寂静的符号王国洋溢着生活和社会的脉搏，涌动着历史的底蕴和梦想。同理，好动、感性的儿童在教学方法的引领下，自主地反思自我、观察社会、关爱生活、追古问今，为着自己和人类的美好而孜孜以求，不断地在继承和超越的时空隧道中穿行！

方法论驾驭下的教学方法的核心是人——人的尊严、人的价值和人的意义。作为工具性的教学方法，其出发点和归宿都是富有生命力的学生。以方法引导学生时，教学应该尊重学生的学习诉求，满足儿童的身心和谐发展，无论多么高深的理论、伟大的思想，都要在儿童成长面前谦卑地低下头，接受他们的欣赏、辨识和审视，因为任何思想、理论都是为新人幸福生活而存在的，自以为是、高高在上而让儿童机械记忆、掌握的灌输都是令学生痛苦和不道德的，这亵渎了儿童的生命尊严，扭曲了儿童的生命意志。因此，教学方法自身必须是人性的，张扬生命的尊严和意义，不能因所传授的的知识、观念是所谓的"真理"，就在选择方法面前妥协，任由教学方法"扫荡"，这不仅降低了真理的威信，更威胁了孩子的心灵，因为教学方法自身也是一种观念和思想，其真理性不亚于所传授的知识、技能，方法也在说话，有自己的立场和价值。

增强教师选择和运用教学方法时的方法论意识和能力，就是超越传统的教和学，让教师跨越知识代理人的误区，使学生沐浴知识风雨的同时，身临其境地感受生活和社会，成为平等、自主、自由的普通人。在生活和社会面前，每个儿童都会以主人的姿态，充满自信、自尊地和同学、老师交流、探究、创造，彼此没有等级、偏见，展现的是人与人之间自主、自由、独立的天性。人的价值不在于以外在于自我生活和社会的分数论高低，而是以每个儿童自身的独特性、差异性、生成性而彰显个体的存在和发展。在此意义上，优秀的教师不仅是一名教育者，更是一名哲学家，一草一木都在欣赏、呵护着儿童成长。

第十二章　普通人教育与职业发展

选择和从事具体的职业是个体进入社会的自然和必然方向，但不能因此就认为，教育一开始就是围绕某个特殊职业而展开专门性的培训。然而，任何阶段的教育又确实内含着个体未来所从事的职业的素养。所以，教育和具体的职业自始至终都处于一种紧张而和谐的张力之中，维系这一局面的最佳目标就是普通人的生成——既是教育的专利所在，也是人的职业源泉。

一、传统的职业观及其培养

"劳心者治人，劳力者治于人。"先哲的论述不仅揭示了传统职业的伦理规范，也反映了自古以来的职业等级观念。现在虽然破除了吃"皇粮"的职业观，但公务员依旧成为年轻人竞相追逐的选择，这表明职业等级化亘古偏见的余威。具体而言，传统职业的等级标准在于控制他人的程度，而非服务于人的需要，大凡高等级的职业，往往是那些制定社会规则、管理他人的职业；反之，那些受治于人，被人管理、控制的职业则处于社会的底层。当然，即使所谓高等级的职业自身也是分等级的，其层级是按控制人的多少、制定规则的轻重来划分其重要性的。而且等级性的职业不是以具体的个人来衡量是否符合该职业的，而是将人"类"化，即某一类人是否合乎某种职业，也就是说，在等级性职业观念中，职业实际上是意味着人群的类别归属感，某类人只能从事某种职业。再进一步，传统的等级性职业是固定、终极性的，每个人从事一种职业，基本上就为该职业所绑架，职业成为个体的代名词，丰富、生成的人完全被职业控制，失去人的活力和生机。职业和人都静止在某个既定的时空框架内。

在这种职业世界里，人们崇尚的不是个体生命的神圣和伟大，更否定人与人之间的平等和自主，而是对职业机遇的膜拜和对职业门槛的功利。每个个体生命只是等级性职业的工具，因为社会对人的评价不是基于人的鲜活性、生成性和创造性，而是以你所从事的职业来界定你的价值高低和存在意义。为此，为了获得那些高尚的职业，人们既会按照等级性职业所代表的社会制定的规则来争取，也会不择手段地去谋取。而一旦获得这些高附加值的职业，人们很少去反思该职业的不合理性以及对人的压抑甚至异化，而是忘我地享受这种职业所回报的各种"福利"，乐不思蜀地以工具人的姿态生存着，进而捍卫着等级职业及其土壤的合理性。

为了培养适应传统职业观的人，教育的使命就是培养孩子成为人上人，即个体的成功是以牺牲他人发展为前提的，每一次的考试和升级都是以"战胜"他人为代价的，直到成为预设职业行列中的一员为止。在孩子的成长过程中，无论老师还是家长，从上学第一天起，就有意或无意地向孩子灌输某种特定职业的诱惑性——财富和权力，每节课、每次作业等都是为此做准备的。所有知识、文化的多样性、复杂性、创造性都简化为获取高等级职业的技术和能力。至于孩子个人的爱好、特长、梦想大都会在劝导、利诱下妥协、投降，更高明的行贿策略就是诱骗孩子先达到成人社会所认可和寄托的职业选择后再去开启自己的梦想之门，孰不知等孩子先期实现了大人的目标后，再想沿着自己的愿望追寻个人的梦想时，早已未老先衰，丧失了梦想所赖以腾飞的欲望、兴趣和胆识，这就是包括家长和教师在内的成人社会的设计和共谋！

在学校里，迎合狭隘职业目标的教学将学生等级化、雷同化。为了毕业后获得高等级的职业，学校成为职前培训的竞争场所，学习的内容受考试制约，考什么就教什么，教什么就学什么，教学远离现实的生活和社会，尤其背离学生作为人的需要和追求，完全为筛选等级化的职业而将学生封闭在考试的怪圈中。以学生考试成绩的高低评定其作为发展中的人的优劣，进而决定其将来的职业定位。而且学生是被分类对待的，而不是满足每个学生的个性需要，这意味着即使适应那些高等级职业的学生，大部分个体也是被压抑、同化的，而生活在被压抑氛围中的极少数所谓的"人上人"，在这种压抑的环境熏陶下，自然难逃被窒息的厄运。因此，服务于既定职业而将学生等级化培养的教育扼杀的不仅仅是具体个体的生命，更是对民族、国家活力的摧残！

因此，我们的教育在本质上是一种畸形的职业培训，牺牲了学生作为人的自主、自由发展。在基础教育阶段，虽然看不到赤裸裸的职业训练的影子，但既定的目标和内容都是以假想的未来职业而设计和实施的，而且是那些高等级的职业所需要的素养，多元、自主发展的学生潜移默化地就形成以职业等级观认识学习和世界。到了高等教育阶段，直接以职业观确定学科和专业学习，而不是根据自己的兴趣、追求选择适合自己的大学学习，四年的高等教育就是围绕着如何就业展开的，最后以获得各种证书作为敲开职业大门的砝码。然而，现实却是，学生十几年的学习生涯所准备的职业教育却早已不适应变化万千的时代和社会，甚至预想中的职业已经消失，青少年多年苦读付出竟然不如2—3年的职业技术学校学习更满足职业需要，这不能不说是对传统教育的绝妙讽刺。

所以，我们必须反思，教育不排斥职业，但相对漫长的学生生涯到底以什么为培养目标，才能既满足未来职业的选择和成长，又不辜负人的价值和意义？

二、当下的职业趋势及对人的影响

"三百六十行，行行出状元。"过去的"行行"是分等级的，勉励那些低等级的行业者只要肯努力，同样能实现自我价值，而不必攀比高等级的行业，这实际上是一种麻醉传统普通人的灌输。而如今，职业的种类远远超过360种，而且各种行业此消彼长，激发着职业的活力。这是因为，"劳动力市场经历了从'科层制职业'（即通过雇员展示其'技术和能力'实现在职级阶梯上的擢升）向'魅力职业'（即雇员需要成为团队的合作者、领导者、做事主动者，等等）的明显转变"①。不仅如此，具体到每个职业，其

---

① ［英国］安东尼·史密斯、弗兰克·韦伯斯特主编，侯定凯、赵叶珠译：《后现代大学来临？》，北京大学出版社，2010年，第18页。

内涵也处于不断地流动中，也就是说，无论是作为类的职业群还是每一种职业，变化、发展，这都是职业的生命和生机所在。这既是时代特色在职业观上的写照，也是职业适应当代社会的自然选择。因此，才会出现一些闻所未闻的新职业，也打破了以往人们从一而终的职业观（即一生只从事一种职业），"跳槽"成为职业选择的常态。

当下职业之所以出现如此天翻地覆的变化，在于孕育职业生命的时代理念颠覆了传统的社会规范，并赋予职业平等、自由的内在价值。历史上，除了以控制人为代表的所谓高等级职业外，其他各种职业差异在于服务人群的不同，即职业是以满足某类人的需要而存在的，而对人的分类又是等级化、简单化的，每类人的存在和发展也是固定的、静止的，所以决定了职业数量的有限性和静态性，一种职业所需要的品质和技能可以维持几代人而不变。当今的社会则不同，令人眼花缭乱的新生职业和传统职业的蜕变，源于职业的活力在于满足每个人的需要，即职业所提供的服务要个性化、流动化，职业的生命取决于个体的欣赏、认可和接纳。而时代的个体超越前人的突出表现就是始终行进在生成和创新的旅途中，因而其需要也是瞬息万变的，职业自然要紧跟甚至引领新人的脚步，展现职业的价值和魅力。同时，由于个体的需要是平等的、自主的，满足这些需要的职业也就失去了等级鸿沟的合理性，站在人之平等、独立、自由的视角，各种职业在平等、自由的环境中获得其应有的尊严和价值。例如，环卫工和国家主席只是工种的差异（前国家主席刘少奇在接见劳动者表彰大会时，曾表达过类似的观点，即我们彼此只是分工不同，都是人民的勤务员，当然，主席是基于政治和道德的高度如此说的，我们则是从职业的内在价值层面反思的），作为职业的尊严和从事这两种职业的人是平等的、自由的，都在提供、满足他人的不同需要，每个人都在其职业的旅程中实现了其人生价值和生命意义，因而每种职业和每个人都是神圣的、平凡的、普通的。因此，其中的价值平等可以概括为：职业是为每个人的需要服务的，而人的需要是平等、伟大的，所以，无论职业还是从事职业的人都是平等、神圣的。

所以，如果说过去职业决定了个人的价值和尊严，如今则是人主宰了职业，通过职业自身的变化以及职业种类的更换而丰富生命的意义和存在的价值。由于人均寿命的延长，职业生涯只是个人生命中的一段插曲，只占整个人生历程的一半甚至还不到一半，因此，职业不再是束缚人、决定人的外部力量，而是符合时代发展和个人自主选择的一种生命性存在，是人的存在和发展的自然构成，职业体现的是人的尊严和价值。而且每个人不可能终生从事一种职业，这既是个人生命丰富多彩的必然，也是职业自身脱胎换骨的结果。由此可见，职业相对于个体而言，具有相当程度的随机性，而普通人角色则是每个个体之为人的终生性职业。

在个人漫长的人生中，职业之于人的发展意义远远超过以往。这是因为，人的发展不再简单地由教育决定，人生的每个时刻都在吐故纳新，生成和超越是生命的主旋律。现实生活中，人们能深深体会到，刚进入职场时，就是一职业小白，什么都是新鲜的、陌生的，但慢慢地，就逐渐熟悉、掌握了其中的工作机理，成为职场老手。尤为惊奇地是，自己也潜移默化地在改变，身心浸润了职业的素养和文化，也就是说，职业生涯不是外在于自己的，而是成为生命内涵的一部分，促进个体作为人的生成。所以，职业不再仅仅是我们谋生的手段，而是我们成长机制中重要的一环，即职业也在焕发着"教育"的活力，激励我们不断向前。

问题的奥妙在于，此前教育所给予的影响是如何与职业的活力契合的，进而让生命一直处于生成的旅途中？

三、普通人教育之于职业的意义

既然传统的教育早已不能适应当下的职业发展，普通人教育又关注人的职业活力，那么，普通人教育如何开展，才能通过促进人的生成而满足普通人对职业选择的需要呢？

教育是满足人的终生发展的，而职业生涯只是个体生命中的某个阶段的社会实践，人的存在和职业生活既有交集，又有各自的独立性，其共生点就是作为人的价值和尊严得以尊重和呵护，让每个人成为自主、平等、独立的自由人。基于人的视角，毋庸讳言，普通人是人之个性生命的写照和归宿，教育的专利就是生成普通人，进而每个人才能自由地选择和从事既符合时代要求又能实现自我的职业。而从职业的视角分析，任何职业都是满足人的需要和发展的，其活力在于这种需要和发展的个性化，是对生命的理解和敬畏，教育专注于服务生命，让每个生命焕发人性的光彩，就是面向个体未来职业发展的所有可能性，可以说，服务并满足于个体生命活力的教育才能真正对学生将来的职业发展负责，以人的职业——普通人——为目标，本质上是其他具体职业活力的源泉。

普通人教育的内容虽然不是直接的职业指南，但满足于生命成长的知识和技能都是人类职业探索的结晶，蕴含着基本的职业伦理和道德规范。任何知识和技能都是前人职业认知和研究的折射，知识的历史在一定程度上也是职业变迁的历史，正是职业的不断积累和创新，教育中的知识、技能才能始终焕发着促进个体成人的活力。而且，教育的内容大都是社会各种职业素养的浓缩，反映着职业的共性特征和追求。相反，如果将职业性的知识和技能机械地灌输为教育的内容，教育就异化为培训，丧失其满足个体未来流动性职业选择的需要。另外，普通人教育的道德、规范恰恰是各种职业所需要的认真、诚恳、奉献、执着等基本伦理的反映，这成为个体将来进入职场的行动指南。因此，从教育内容的角度反思，由于普通人教育扎根于人类的生活和社会共识，体现的是人类职业探索的历程和成果，教育的内容和职业的需要具有内在的高度一致性，即无论职业还是生活，其活动的主体是鲜活的生命个体。

教育实践中，普通人教育培养平等、独立、自由的个体，这正是学生未来从事任何职业的主体写照。作为普通人，其视野中的人和职业都是平凡而高贵的，职业没有高低贵贱之分，不同的只是个体与职业的适应度和自我发展潜能，职业从属于平等的人，人因职业而深化生命的内涵和意义。基于普通人的独立性，职业是个体自我选择的人生驿站，而非外在的安排和规划，在职场中，普通人不仅接纳自己认可的职业发展，而且还会在职业旅程中焕发职业的新生，让职业和时代与人共鸣。这是因为，自主的职业已经融入个体人的因素和生命的血液，职业是人性的延伸，人和职业自然和谐共生、互动双赢！因此，作为普通人，其自由就体现在职业的选择和投入中，而职业也彰显了普通人作为人的自由尊严和价值追求。

所以，培养独立、平等、自由的普通人，就是生成职业人的雏形，这为各种职业赋予生命的平凡和高贵！

跋

　　二十世纪九十年代中后叶，早在华东师范大学攻读硕士学位时，一本薄薄的、发黄的小册子《历史中的英雄》，深深地吸引了我，它是杜威的学生胡克撰写的。此后，其中的核心观点一直萦绕在我的工作和生活中，即历史上的帝王、英雄、贵族等都不是天生的，只是一种偶然性的巧合，每个平凡人都有可能成为非普通人，这回答了陈胜、吴广的诘问"王侯将相宁有种乎？"而2002年东帝汶首任总统古斯芒接受记者采访时的回答更坚定了这种信念："我还是普通人，当总统只是职责、角色。"

　　在随后生命旅程中，我深切地体悟到，每个人都是普通的，那些所谓的专家、领导、富豪等都是临时的，是特定时空内的一种角色，只有人是永恒的。而且越是以普通人的身份去工作、生活，其承担的各种角色也越出色、越成功，其内在的机理就在于，各种人之外的角色都是以普通人为源泉的，是以服务于普通人为目标的；相反，那些自以为是，封闭于特定角色中的人往往既担负不起应有的角色职责，又丧失了为人的基本常识。

　　后来在南京师范大学做博士论文时，对此展开系统的探究，但仅仅限于从教育目的视角反思，并且多少带点学究气，有些不接地气。基于此，再加上自己的职业缘故，就开始有意识地从教育哲学的视野反思普通人和教育的关系，甚至有时超越教育哲学的框架，尝试站在人类文明和人生幸福的层面认识这一问题。人从出生开始，到生命的最后一刻，都处于生成的过程中，教育不可能穷尽个体生命的全部，因此，教育必须立足于普通人的生成，因为普通人的生成是教育之于社会的最专业的职能所在，虽然其他社会实践也生成普通人，但更多地是将普通人的生成视为一种副产品，其主业则是利用普通人而追求其他功利性目标。所以，以生成普通人为教育的圭臬，既捍卫了教育独立性的尊严，又体现了对人之生命的敬畏。

其中的许多观点是在和研究生的课程探讨中受到启发而产生的，每每和他们忘我地彼此对话、共鸣时，是自己最陶醉、最幸福的时刻，忘却了红尘的偏见和世俗的功利，体验、分享着身为普通人的快乐和温馨。但正是在这种师生乐园中，普通人教育是否只是一种理想，甚至是一种空想的念头不时挑战自己的理性。

作为一种理念，普通人思想在不同的历史时期都曾作为一些盗火者的追求，并设身处地地践行。诸如苏格拉底、华盛顿、王夫之、胡适等，无不是以普通人理念贯穿自己的生命始终。但是，作为一种文化、一种制度，普通人教育理念只是在现代民主社会才成为可能，杜威的《民主主义与教育》以对"民主"思想的辩护为普通人观念铺就了坦途，《普通人与教育》则尝试着以张扬"普通人"的视野呼唤民主的文明，让每个人独立、平等、自由地存在和发展不再成为奢望，通过教育，使每个人明白，独立、平等、自由，不仅是生命的本然属性，更是人之生成和升华的规范！

因此，普通人教育不是一种没有根基的空想，而是自古以来人类文明自主探索、超越的继续，尤其到了互联网时代，每个人仿佛如虎添翼，普通人的自我表达和界定成为一种常态，个体的生命从没像现在这样被尊重、呵护和敬畏。例如"脑瘫诗人"余秀华、保姆范雨素等，借助互联网，让人感叹每个生命的宝贵和神圣，因为每个个体都是人这一物种高贵的折射，没有人是可以被代替的，更没有人是被决定的，每个生命都在生成着、创造着，不断演绎着生命的奇迹！

因此，普通人教育不存在"知其不可为而为之"的悲壮情结，而是和时代共鸣、与人性共生的自我救赎！

是为跋。

于忠海

2017 年 5 月 8 日